立人天地

优教书系

10 Best Gifts for Your Teen

给青春期孩子的10个礼物

[美] 史蒂夫·萨索
派特·萨索 著

常慧文 译

黑龙江出版集团
黑龙江教育出版社

版权登记号：08-2017-108

图书在版编目（CIP）数据

给青春期孩子的 10 个礼物 /（美）史蒂夫·萨索，
（美）派特·萨索著；常慧文译 . -- 哈尔滨：
黑龙江教育出版社，2017.8（2021.6重印）
ISBN 978-7-5316-9590-5

Ⅰ . ①给… Ⅱ . ①史… ②派… ③常… Ⅲ . ①青春期
－健康教育 Ⅳ . ① G479

中国版本图书馆 CIP 数据核字（2017）第 225020 号

10 Best Gifts for Your Teen: Raising Teens with Love and Understanding
© 1999 by Sorin Books. All rights reserved
The simplified Chinese translation rights arranged through Rightol Media
Simplified Chinese Translation © Heilongjiang Educational Press Co.,Ltd.
ALL RIGHTS RESERVED

给青春期孩子的 10 个礼物
GEI QINGCHUNQI HAIZI DE 10 GE LIWU

作　　者	[美]史蒂夫·萨索　派特·萨索　著
译　　者	常慧文　译
选题策划	王春晨
责任编辑	宋舒白　姜劲帆
装帧设计	Amber Design 琥珀视觉
责任校对	张爱华

出版发行	黑龙江教育出版社（哈尔滨市南岗区花园街 158 号）
印　　刷	北京时尚印佳彩色印刷有限公司
新浪微博	http://weibo.com/longjiaoshe
公众微信	heilongjiangjiaoyu
天 猫 店	https://hljjycbsts.tmall.com
E - m a i l	heilongjiangjiaoyu@126.com
电　　话	010—64187564

开　　本	700×1000　1/16
印　　张	12.25
字　　数	139 千
版　　次	2021年6月第1版第2次印刷
书　　号	ISBN 978-7-5316-9590-5
定　　价	48.00元

谨以此书献给我们的孩子
布莱恩、保罗和米哈伊拉
他们不知疲倦地教我们更深刻、更理性地爱自己的孩子

目录

给青春期孩子的10个礼物

10 Best Gifts for Your Teen

序   1

前言   到底发生了什么   6

1／第1个礼物   尊重

粗鲁的青少年   5
坚强的个性   6
孩子的心里话   7
言语中的尊重   9
辱骂孩子   10
4种方法教你尊重孩子   11
如果孩子仍未尊重父母   17

19／第 2 个礼物　空间

给孩子足够的隐私空间	22
让孩子拥有自己的房间	32

37／第 3 个礼物　乐于倾听

停下手中的事，看着孩子，认真听他说话	40
全情投入地倾听	41
共情倾听的几点障碍	43
不加评论地倾听	51
接触不同的观点	52
不要打断孩子讲话	53
无条件的爱	54

55／第 4 个礼物　自我坦承

父母也是人	58
为什么孩子不和我聊天	59
自我坦承的 4 条指导原则	61
诚实地面对严峻的问题	65
为什么我不能这么做	66

自我坦承——物有所值　　　　　　　　　　　　67

69／第 5 个礼物　责任心

教育的 3 种风格　　　　　　　　　　　　　　73
你的主要教育风格　　　　　　　　　　　　　83
5 种方法教孩子成为具有责任心的人　　　　　84

89／第 6 个礼物　决心

态度坚定的家庭教育有 6 个原则　　　　　　　94

113／第 7 个礼物　认可

预言的自我应验　　　　　　　　　　　　　　117
积极的言论带来积极的行为　　　　　　　　　118
肯定　　　　　　　　　　　　　　　　　　　118
表扬 VS 鼓励　　　　　　　　　　　　　　　120
增强自尊心　　　　　　　　　　　　　　　　120
认可孩子的 8 种方式　　　　　　　　　　　　121

129／第 8 个礼物　和解

没有人是完美的	132
和解的障碍	133
孩子怎么看待和解	134
从错误中学习	136
和解的示范	136
和解的机会	137
一个和解的故事	138
教孩子和解	139

143／第 9 个礼物　让孩子自由发展

放手教育的众多方面	146
给予孩子更多自由，让他们承担更多责任	146
开车	147
自由和责任密不可分	148
对孩子放手，很困难	149
让孩子接触社会	149
离开家的避风港，并从中得到成长	150

153／第 10 个礼物　行为榜样

榜样、榜样、榜样	156
反面教材	157
偶尔的挫败	158
孩子长大后会变成什么样的人	159
孩子需要的 3 样法宝	160

致谢	163
参考文献	165

序

我 14 岁时,几乎受不了我的父亲,他愚蠢极了。但当我 21 岁时,我很惊讶这 7 年他竟变得如此聪明。

——马克·吐温

所有父母都想为自己的孩子提供最好的一切。无论是 1 岁半的婴幼儿,还是 16 岁的青少年,父母都愿意尽可能地把最好的给自己的孩子。小时候,父母满足他们所需要的东西相对容易。虽然在这个过程中,父母可能会感到身体上的劳累,但只要确定为孩子所做的就是他们最需要的,父母就能获得心理上的安慰。然而,等孩子到了青春期,如何养育他们就是另一回事了。一方面,父母不清楚处于青春期的孩子最需要的是什么;另一方面,孩子常常有自己的想法,他们很清楚自己最需要的是什么。

到底什么才最适合青春期的孩子?为什么父母很难找到答案?这其中有许多原因。原因之一是,这个世界每天在发生着翻天覆地的变化,如今的青少年和我们年轻的时候已经不同;另一个原因就是,传统的父母角色受到了颠覆。

如今的社会与文化不同于我们成长的年代。我们想培养出有责任感的孩子，但是，很少有人告诉我们该怎么做。就像家庭治疗师道格·邵说的那样"那些关于个人品德、家庭忠诚和父母权威的传统观念"常常与"贪婪媒体驱使下的年轻文化"发生冲突。

在社会和文化的影响下，这一代青少年是特殊的。安东尼·沃尔夫，在他的著作《家家有本难念的经》(*Get Out of My Life, But First Could You Drive Me and Cheryl to the Mall?*) 中写道："青少年已经不同以往，这是事实。跟上一代人比起来，如今的青少年在与成年人相处时，不再像以往一样顺从，也不像从前一样胆怯，反而变得更加直言不讳。"

尽管我们承认，如今的青少年和我们年轻时不一样，可是在某些方面，他们与上一代又有着许多共同点。比如，他们仍在努力挣脱父母的掌控，期望得到同龄人的认可，但又被自卑困扰，又缺乏自信。他们经历着巨大的情绪波动和多变的人际关系，寻求性别角色的认同，为未来做出各种规划。

跟上一代人比起来，现在的青少年会遇到更多的困难，因为他们生活在一个更多变的世界里。而在这个迅速变化的时代，亲子关系愈加地不稳定。

另外，养育方式也与以往不同。我们小时候，许多女性在家做全职主妇。孩子放学回到家，就有妈妈陪伴。而现在，父母双方外出工作，并且在工作上投入更长的时间。因此，同我们比起来，我们的孩子感受到了更大的精神压力和更强烈的孤独感。而且，30%的美国家庭是单亲家庭，在单亲家庭中生活的孩子，可能会感受更大的压力。

疲惫的单亲家长，往往连自己的情感需求都无法满足，更别提去满足孩子的情感需要了。由于内心情感需求的不足，这些家长无法在家庭中表现出父母的权威。

而且，多数家长不分轻重，也不知道该灌输怎样的价值观和道德观给他们的孩子。有时，家长教给孩子的道理，却不以身作则，反而造成孩子的疑惑。托马斯·李考纳在《品格教育》（Educating For Character）一书中说："许多家长虽然事业成功，却没有清晰的价值观体系。这导致他们在给孩子提出道德方面的建议，或需要鼓起勇气、坚持道德立场时，困难重重。"

应对挑战

尽管同青春期孩子相处时，家长常常不知所措，但他们仍然希望参与青少年的生活。家长知道与孩子多交流很重要，可是在交流过程中的重重困难，偶尔也会让他们感到挫败。本书推荐的10个礼物，正是家长送给青春期孩子的最好礼物。尽管这10个礼物"价值连城"，但无论你收入高低，都负担得起。更重要的是，只有你，才能送给孩子这10个礼物。

青少年教育能否成功的核心在于家长和孩子之间的关系。相互尊重、爱护、理解的亲子关系，父母对孩子的支持，对待孩子言行一致，给孩子有序的家庭环境，对孩子进行约束，是有效教育的基础。美国青少年健康纵向研究曾在1997年发表文章：

> 与父母和老师关系密切的青少年，参与吸毒、酗酒、自杀、暴力活动的可能性较低，也不容易过早地发生性行为。无论在单亲家庭还是双亲家庭，只要青少年感受到来自父母的关爱、理解和注意，就不易卷入那些危险的活动。

给青春期孩子的10个礼物　*10 Best Gifts for Your Teen*

　　作为父母，我们的责任是与青少年建立良好的亲子关系，让他们感受到理解、关爱、重视和支持。要塑造这样的亲密关系，父母要乐于倾听孩子的心声，分享自己的人生经验，给孩子以指导，留出时间陪伴孩子左右。父母还需要给孩子设立合理的规矩，明确地告诉他们违反规矩时的惩罚，以此来提升父母的权威。一旦孩子违反了规矩，父母需要遵照之前的约定，施加惩罚。如果父母做到以上这几点，将会对青少年的生活，产生更大的影响力。

　　要像上述一样教育青少年，对父母来说是一种挑战。但这种教育方式收获显著，它会加深亲子之间的爱，提高沟通效率，减少争吵，使你们的亲子关系更有影响力。但这并不意味着，你和孩子之间不会发生矛盾。矛盾和争吵在亲子关系中十分常见，如何处理矛盾和争吵是一项重要的生活技巧。父母和孩子之间总会有许多误解，父母也会感到受伤。抚平感情上的伤痛也是亲密关系的一部分。无论是你，还是你的孩子，都会犯错。重要的是，承认错误，达成和解，不计前嫌。

　　如果你想从这本书中找到改变孩子的方法，那么你要失望了。你不可能改变你的孩子，你能做的只是改变自己。改变你和孩子相处的方式，从而改进你和孩子的关系。虽然不一定会如你期望的那样，但你们的亲子关系的确会发生翻天覆地的变化。

　　只要不断努力去理解你的孩子，提高倾听的技巧，始终言行一致，给孩子留出足够的成长空间，你就会看到你们的亲子关系朝着积极的方向发生变化。你的努力会带走争吵，带来尊重。

　　不要奢望一段没有问题和困难的关系，这种亲子关系是不存在的。但如果你们的关系充满信任、诚实、爱、相互尊重,亲子关系就会更加深厚、更有意义。我们希望,本书中提供的礼物、建议和观点能为你带来一段满意且充满活力的亲子关系。

我们对生活和亲密关系的精神层面有着深刻的理解。对信仰、对美好生活的深信不疑是本书的指导原则。我们希望,本书中精神层面的内容能帮助你敞开心扉,修复亲子关系。

如果你正在为青少年的常见问题所困扰,那么这本书则有很高的参考价值。绝大多数青少年在青春期都会遇到困难。如果您的孩子有一些麻烦,或者有高危行为,例如吸毒、酗酒、滥交、暴力行为、离家出走或者触犯法律,那么我们建议您阅读鲍勃和简·拜亚特合著的《如何对待问题青少年》(*How to Deal With Your Acting Up Teenager*)。

这本书由史蒂夫和派特合著。书中,当我们引用个人生活中的故事来阐述观点时,偶尔采用第一人称。一般情况下,你能根据上下文明白这是谁的故事。如果有不明白的地方,请记住,学校和教育相关的故事由史蒂夫讲述;与咨询相关的故事由派特提供。

前言　到底发生了什么

> 结婚前，我有教育孩子的6个理论；现在，我有了6个孩子，但对这些孩子一点办法都没有。
>
> ——洛德·罗切斯特

青少年的发展变化有好的一方面，也有坏的一方面。好的一方面是，这些变化只是暂时的，青春期只是成长的一个阶段，就像孩子可怕的两岁期，它终究会过去，而坏的一方面是，这个阶段可能要持续7—12年。等到你的孩子经济独立了，他才算度过青春期。克莱顿·巴尔博曾说过，当你的孩子能"为自己买单时"，他就算成人了。

学步的孩童，从可怕的两岁到可爱的3岁，这个阶段大多数家长都有足够的耐心。但是当孩子进入了漫长的青春期，父母就会发现自己很难耐心地爱护、支持孩子。

从童年到成年这个阶段，充满了挑战、困惑和刺激。青少年在成熟和幼稚之间左右摇摆；时而产生抽象的想法，时而产生具体的想法；有时需要被照顾，有时又想要自由；有时，青少年表现得极其粗鲁无礼，但有时他们的敏感与同情心又会令我们惊讶；他们有时表现得像个强大独立的成年人，有时又会变成胆小的孩子，需要大人的照顾。

青少年教育面临着双重挑战：一方面，青少年正在经历巨大的变化；另一方面，青少年的变化也正在影响着父母，而父母对这些毫无准备。要维护好父母与孩子之间的关系，就要处理好父母人格和孩子人格之间的微妙平衡。知道该怎么做，就能划分清楚，什么是孩子的事，什么是自己的事，什么正在发生变化。就发育来说，青少年正在经历身体、情感、智力、社会4方面的变化。下文总结了常见的青少年典型发育行为。这些发育行为是暂时的，而且是普遍存在的。任何年龄的青少年都会表现出这些行为，尤其对处于青春期早期——11—15岁的孩子来说，这些行为尤为常见。

身体变化

"青春期"出自拉丁语pubescere，意为"长毛"。在青春期早期，骨骼发育和性成熟的速度都会加快。女孩通常要比男孩早两年成熟。男孩的青春期通常从12岁半开始。在男孩的发育过程中，睾丸素扮演着重要角色；而对女孩来说，雌二醇有着重要作用。

女孩的月经初潮，证明她已经到了青春期。除此以外，你无法判断青春期到底在什么时候开始；而对于男孩来说，长胡须和第一次梦遗，都能说明青春期的开始，但是父母可能无法察觉男孩的这两个变化。

生理上的变化会激起青少年对身体的好奇。他们会十分在意自己的外貌并且评判别人的长相。他们担心自己与他人不同。媒体又会将对女性气质和男性气质的狭隘标准强加给女孩和男孩。

情绪变化

青少年的情绪变化受到生理因素、认知因素、社会因素的影响。作为家长，我们要考虑到社会对孩子的影响。

社会文化告诉男孩儿，他们应该冷静，自信，强壮。但在与女孩子相处时，社会又告诉他们，男孩儿应该心思敏锐，敞开心扉。威廉·波拉克在《真正的男孩》(Real Boys)一书中曾说，社会的双重要求有时会让男孩儿产生身份上的困扰，伤害他们的自尊。

社会文化受到媒体的驱使，对外貌过度重视。而这种文化正在毒害处于青春期的女孩。玛丽·皮弗在她的畅销书《觉醒的奥菲利亚》(Reviving Ophelia)中曾指出，青春期的女孩儿正慢慢丢失自己。女性到底该是什么样的？关于这个问题的答案，外界给女孩儿传达了浅薄且令人困惑的信息。

刚进入青春期的孩子，可能有以下几种典型行为：

- 情感高涨或低谷；
- 越来越愿意独处；
- 挑衅且好争的行为；
- 非黑即白的思想；
- 倾向于放大；
- 以自我为中心，只关注自己的感受；
- 认为自己是无敌的；
- 越来越认为父母应该为他做些什么。

智力变化

在 11—15 岁的青少年会开始真正地思考。也就是说，他们的思维过程变得更加抽象，更理想主义，更具有逻辑性。你的孩子可能会表现出以下特征：

- 挑战规则；
- 形成自己的观点和看法，并以此来寻求自我认识；
- 质疑并挑战父母的价值观；
- 过度归纳；
- 以自我为中心的思想；
- 越来越想自己做决定。

社交变化 —— 家庭

孩子到了青春期，不再像以前一样依恋父母。亲子之间的关系也不总是一帆风顺。尤其是孩子刚进入青春期时，父母与孩子之间的争吵变得越来越多。孩子越来越理想主义，他们总把父母与理想中的父母形象对比，然后对父母十分不满。你的孩子可能表现如下特点：

- 情感独立；
- 越来越喜欢批评父母；
- 不愿被别人看到自己与父母在一起；
- 与兄弟姐妹发生更多争吵；

- 更少与父母沟通；
- 更喜欢与朋友聊天；
- 认为父母对自己过度保护；
- 认为父母的照顾是理所应当的；
- 与除父母外的其他成年人建立关系；
- 需要更多自由；
- 需要被约束，但不会向父母承认这一点。

社交变化 —— 同龄人

在青春期的中后期，孩子会花更多时间与同龄人待在一起。朋友对孩子越来越重要。对绝大多数青少年来说，同龄人的认可是他们巨大的动力。孩子可能会表现以下特点：

- 同龄人的影响力越来越大；
- 友情让青少年感受到归属感、支持和认同；
- 朋友会认同孩子的决定，并且支持孩子全新的、独立的自我身份；
- 批评、谩骂那些与社会文化标准不同的同龄人；
- 男孩儿们总会用特别恶毒的语言谩骂与他们不同的人；
- 女孩儿们不喜欢那些不符合社会典型女性形象的女孩子；
- 那些聪明、果断、自信、漂亮或不够漂亮的女孩子往往不受其他女孩儿欢迎；
- 那些心思敏锐、敞开心扉的男孩子往往会被人说成不够酷、不自信、不强大；
- 越来越关注异性；
- 不喜欢父母拿男朋友/女朋友开玩笑；
- 知道许多和两性有关的事，但是对这方面的了解不够全面和准确；
- 关心并且重视他们的性别身份。

"这不是我的错"

理解青春期的各个发展阶段是十分重要的。你可能会遇到如下情形：孩子总是闷闷不乐，女儿情绪激动地埋怨你们不称职，孩子变得沉默寡言，她不愿意跟你一同出现在公众场合，她会吐槽你的衣着品位，她更喜欢和朋友们在一起。你要提醒自己，这是青春期的正常行为，早晚有一天会过去的。

当你的孩子出现类似的青春期典型行为时，请默默告诉自己"这不是我的错"。有时你开车送孩子上学，你几次想跟他聊点什么，但你们一路都无话可说。你要知道，这很正常。你可以在心里告诉自己："这不是我的错。"这一切都源于你的孩子——因为他情绪低落，不乐于参与亲子互动，而且他还不适应自身的变化。有时，你想跟女儿聊聊她一天过得怎么样，她却不耐烦地让你别打扰她。这时，记得提醒自己"这不是我的错"。这一切都源于你的女儿，她可能在生自己的气，或者刚和男朋友吵架，也许是学校压力太大，也可能想脱离家长的掌控。

当孩子埋怨你，你要回击吗？孩子不开心，你会觉得是自己的责任吗？在你送他上学的路上，你是不是觉得应该打开话题？遇到这些情况，告诉自己，

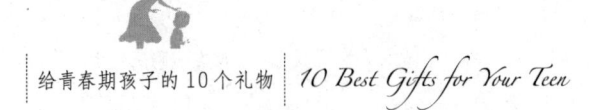

明天他的心情可能会好一点。孩子的这些行为只是青春期发育的正常表现，不是你的原因。

孩子的情绪如何影响到了你，你又如何对孩子的行为做出回应，这才是你该关心的。你的所作所为才是你的责任。我们鼓励父母首先照顾好自己，这样才能在孩子遇到困难时，给他们提供指导和帮助。

我们为家长们提供了以下几种方法，教您更好地照顾自己：

- 保证充足的休息，参加运动强身健体，摄入丰富的营养；
- 偶尔从孩子教育的问题中抽身，让你的另一半负责孩子的教育；
- 离开家庭生活，到外面走走；
- 跟亲人朋友聊一聊教育的话题；
- 从其他家庭成员那里寻求安慰和支持；
- 寻求帮助；
- 如果情况需要，去找专业的咨询人员；
- 趁周末，和另一半外出度假；或者自己一个人出去散散心；
- 和另一半时常出去约会；
- 多笑一笑；
- 读一些激励自己的文章；
- 理智地选择生活方式，减轻来自家庭的压力；
- 简单生活。

了解自己是照顾好自己的一部分，包括了解你的长处和弱点、什么会使你变得不耐烦、什么会惹你生气、你有什么样的交流方式、怎样处理争吵、如何表达爱、如何对待自己受到的情感伤害。如此审视自己是需要勇气的。但是，了解自己对教育十分重要，尤其是对青少年教育。

美国圣母大学的社会学教授，马克·刚蒂写道：

> 对于教育来说，不仅仅是需要我们冷静、放轻松、做些与众不同的事。没有人天生就会教育孩子。作为父母，有效教育的核心应该是充分尊重自己。我认为，父母应当知道良好的教育需要你勇敢、坦诚、尽力地去面对自我。这一点很重要。事实上，如果你能在教育孩子的过程中，也解决一些自身问题，那可谓是意外的收获。

亲子教育中的父母

自己努力处理孩子的教育问题当然也需要配偶的配合，这样才能将夫妻双方的婚姻问题与孩子的教育问题分开对待。有一次，我和史蒂夫有了些矛盾，对孩子的态度也差了很多，我对自己的糟糕态度也感到很惊讶。如果想要本书中的建议发挥最大的作用，夫妻之间的合作十分重要。夫妻之间的和睦一致需要大量的协作。而最困难的地方就在于协调一致。举个例子，夫妻中一方做出决定，但另一方却不同意，孩子就会利用这种状况谋求自身利益。这也会使要做决定的一方被当作"坏人"，这对哪一方来说都会在以后处理孩子教育问题时困难重重。因此，夫妻双方需要合作，才能有效率地解决问题。

孩子看到父母发生分歧会窃喜。他们引起两方的争执，然后坐收渔翁之利。所以，在教育孩子的过程中，一定要尽可能地团结一致。如果你不同意配

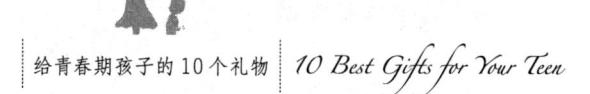

偶的教育方法，私下里提出反对意见，讨论你们的不同看法，达成一致的策略，使亲子教育更加和谐。始终把重心放在孩子的需求上，而不是关注自己的需要。

不要放弃

当孩子表现出这些青春期发育的典型行为，并开始疏远他们的父母时，有些父母也开始疏远他们的孩子。

- 如果她不想跟我说话，那么我也不打算跟她说什么；
- 如果他总是很忧郁，那么我不会打扰他这种自怜的情绪；
- 如果他总是很粗鲁、没礼貌，那么我也不想理他。

一些父母在孩子成长的最重要的时刻，却想疏远他们的孩子。约翰·高德曼教授说："即使青少年表面上想要从父母身边独立，但大多数仍然需要父母的意见和指导。父母提供的指导帮助，对孩子十分关键。这个时候，亲子关系的疏离会带来严重的后果。"

对孩子来说，青少年仍然需要父母的引导；而对父母来说，我们也需要随时留意孩子的状况。但是教育青少年与教育儿童的方法有很大差别。迈克·列拉在他的著作《青少年教育中不为人知的秘密》（*Uncommon Sense for Parents with Teenagers*）中提到，父母应该转换角色，你们不是孩子的领导，而是他们的顾问。应用本书中所谈及的10个礼物准则，你就会知道怎么改变父母的角色。

我们希望父母能改变他们对于亲子关系的认识。在孩子青春期时，亲子关系不一定是紧张的、让人倍感压力的、充斥着争吵的，它也可能是另外一种样子。你和孩子的关系并不一定是风雨飘摇，亲子关系也有另外一种模样。

尽管有一种流行的观点是，父母和孩子的关系会在孩子的青春期有所疏远，但是父母依然是孩子生活中具有威信的重要角色。父母与孩子的世界也有着关键的联系。不要相信那种说法，即父母的世界和孩子的世界是互相独立的，这种危险的观点会误导父母。

每个青少年都是独一无二的

本书中分享的教育方法都很有效。但到底起到多大作用还要看孩子的脾气和性格，也要看你怎么使用这些方法。每个青少年都是特别的，没有谁跟谁是完全一样的。虽然我们可以笼统地概括出青春期男生和女生的教育方法，但是总有一些例外情况。比如，我们总说大多数青春期男生很少与父母交流，但仍会有一些男生愿意跟父母分享一切；比如，虽然青春期的女生常常跟母亲发生争吵，但也有些母女几乎没有矛盾。

即使同一个家庭中的两个孩子，也不是完全一样的。有的孩子十分容易相处，可以敞开心扉与父母聊天，并不叛逆；而另一个孩子进入青春期后，可能令父母非常头疼。他会公然违抗父母，没完没了地质疑各种事情，触碰父母的底线。

送给孩子的 10 个礼物

读了这本书,你最大的收获就是你会愿意真诚地与孩子沟通,并且知道如何与他们沟通。本书中分享的 10 个礼物将帮您与孩子培养出和谐的亲子关系。在本书的帮助下,许多父母对他们的孩子越来越了解,能够与孩子进行有效地交流,你也可以从本书中得到同样的帮助。

当你读完这本书,请积极地与别人分享它。我们希望你将这本书分享给你的家人和朋友。这些礼物会迅速传递给更多人,你的家庭、你的邻居,还有为这充满危险的世界带来巨大的改变。我们会让精神活力比物质财富更重要。真诚的关系才是这个世界最重要、意义最深远的礼物。

第 1 个礼物

尊重

10 Best Gifts for Your Teen

给青春期孩子的10个礼物

尊重是良好亲子关系的关键。要想做好接下来的事,尊重是核心。

当我们接触到内心以及周围令人耳目一新、平和宁静、抚平伤痛的元素时,我们会学着珍惜它们,保护它们,让它们生长。在任何时候,我们都可以使用这些和平的元素。

——一行禅师

接下来我们要讲的故事,是一个高中生的母亲告诉我们的。她的儿子身体不舒服,所以不想参加当天的足球训练。儿子让妈妈给教练打个电话,告诉教练他生病了。妈妈告诉儿子,通知教练的事情是他自己的责任。可是儿子恳求妈妈说:"我太不舒服了,没办法打电话给他。你能帮我打给他吗?"虽然妈妈有些不情愿,但她还是同意给教练打这个电话。在电话中,她和教练说儿子今天不去训练了,而这时儿子却朝着妈妈大喊:"你是白痴!你个白痴!"她不知道儿子为什么这样,她很生气地质问儿子。而儿子仍然大声说:"你真愚蠢。我真不该相信你。你太愚蠢了。"妈妈既困惑又难过,随后离开了房间。她简直不敢相信,儿子居然会对她这么粗鲁无礼,而且她丝毫不知道为什么儿子会突然对她这么生气。

冷静下来以后,妈妈找到儿子,说:"我不敢相信你居然这么粗鲁地对我说话。我是在帮你打电话。我不明白你为什么这么生气。你那样跟我说话,是

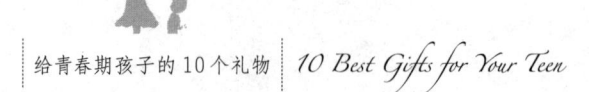

不对的。你到底是怎么回事？一定有什么原因。你告诉我到底是怎么回事。"

而儿子刚才之所以反应那么强烈，是因为他觉得妈妈跟教练请假时不该那么说话，她应该更客气一些。妈妈能理解儿子的这些期望只是成长中的正常行为，但是她仍然因为儿子恶劣的态度感到难过。

要建立亲子双方都满意的关系，第一个礼物就是尊重。英文中的"尊重"一词来自拉丁语"respectare"，意为"再次看看"。就像刚才故事中的那位母亲，对她来说很有必要再次审视一下自己的孩子。当你去审视他时，不要去想他那些令你烦心的行为、动作或者事情，只要去关注他的内心。

在上面的故事中，那位母亲的两个做法可供大家学习。第一，面对儿子冒犯的话语，她没有立即反驳，而是让自己先冷静下来，搞清楚到底怎么回事。在这段短暂的时间里，她能够以尊重的方式对待儿子，重新审视他。她本来可以立即回击，但她并没有这么做。她试图去理解当时的情形，而不是去责怪或回击儿子。

第二，那位母亲平静地、清晰地、客观地陈述了她对孩子的期望。"你那样对我说话是不对的。"母亲这句话为儿子划定了行为的界限，让他知道什么能做，什么不能做。凭她的智慧，她知道儿子仍会不断触犯这些边界，所以当儿子再这么做时她不会感到惊讶。这则故事中，父母应当学习的就是做孩子的行为榜样，树立父母的权威，确立规矩。

尊重是一切良好关系的基石。无论是父母，还是孩子，都需要受到尊重。多洛雷斯·柯伦在《和谐家庭的特点》（*Traits of a Healthy Family*）一书中指出，和谐家庭关系所需要的一个重要特质就是尊重。她认为，良好的家庭氛围不仅会教孩子尊重家庭成员，也会教育孩子尊重不同种族、国籍、信仰

第1个礼物　尊重

和性取向的人群。

粗鲁的青少年

如果说现在的青少年比前些年更爱夸夸其谈，更没有礼貌，越来越直言不讳，大多数父母都会同意。这种现象主要有两个原因：一个是文化上的变革；另一个是父母在孩子教育方法上的变化。对于孩子来说，他对父亲的尊重出于畏惧而不是心悦诚服的敬重。他不跟父亲顶嘴是因为他一旦这么做，父亲可能会揍他。因为害怕被父母惩罚，所以孩子不敢对父母不敬。

如今刚做父母的一代人，小时候和父母之间有着不平等且较为疏离的关系。当他们有了孩子，他们希望能和子女平等相处。大多数父母都允许孩子表达自己的想法。有些孩子也会开诚布公地与父母交流，毫无顾忌地挑战父母，有时还会出言不逊。当孩子表现出某些不礼貌的行为时，如果父母不加以批评制止，那么孩子就会变本加厉。

另外，孩子的粗鲁行为也受到了文化的影响。电视节目、杂志广告、流行音乐、商业广告都会成为传播无礼行为的元凶。近日，我们当地的电台常播出这样一则广告。这是当地一家银行宣传其免费支票项目的广告。标语为"0+0=0"。在广告中，一个成年人问一个十岁左右的小女孩儿："0+0=？"小女孩儿略带讽刺地回答说："切，谁都知道0+0=0。这个问题真蠢。"这个女孩儿居然用这种措辞和语气回答一个比她年长的大人。而我们听到这种话时，也没有丝毫惊讶。原来我们早已习惯孩子的这种说话方式。在我们的文化中，无论是表面上，还是细微之处，都可以看到孩子这些不礼貌的行为，而我们

的文化又进一步加剧了这种行为。

坚强的个性

既然周围有许多孩子不尊重父母的情况,那么父母应该如何教孩子尊重他人?孩子不尊重父母时,有些父母会选择体罚孩子。他们打骂孩子直到孩子低头认错。整个过程中,他们都有一种"我让你看看是谁做主"的态度。但是,责打并不能教会孩子责任感。无论是什么状况,任何人都不该受到责打。体罚只会激起孩子心中的怨恨、敌意、叛逆和愤怒。孩子受到体罚,犯了错,会越发瞒着父母。长远来看,这种危害更大。

父母需要的是坚强的个性。当你的孩子表现粗鲁失礼,你需要做下面这两件事:

1. 明确地告诉孩子,你决不允许任何不礼貌的行为;
2. 以尊重的态度对待孩子。

这么做,你就给孩子做了很好的榜样。如果你想让孩子成为一个礼数周到的人,那么你必须体贴周到,给孩子做一个典范。如果你觉得自己难以做到,那么扪心自问"如果我都做不到,凭什么要求我的孩子做一个有礼貌的人?"

教育孩子时,不仅要告诉他们道理,还要以身作则。孩子会效仿父母的行为。如果你的孩子行为粗鲁,那么你得想,你是不是也没有尊重他,所以他才会出言不逊。你应该尊重孩子。记得提醒自己,人人都值得尊重,哪怕是多嘴无礼的孩子。我们作为父母,以自身的行为给孩子做一个榜样,并期许孩子也能同我们一样。要做到如此，的确不是件容易的事。

孩子的心里话

在孩子青春期的亲子关系中，孩子对父母越来越缺乏尊重。在孩子不懂事的时候，父母和孩子说话，可能表现得居高临下，言语刻薄；当孩子长大，到了青春期，他们对父母这种不尊重他们的行为非常敏感。即使你话语中有一丝嘲笑，他也能敏感地察觉出来。

本书的作者，向一群高中生中提出了问题："你想自己的父母怎样尊重你？"下面列出了最常见的 5 种回答：

1. 别问我那么多问题。

- 希望父母不要总是问我那么多问题；
- 当我去参加聚会或者出去玩时，希望父母别跟我问东问西；
- 希望父母不要对我生活的方方面面都过问，相信我说的话。

2. 听听我的想法。

- 听听我的想法，不要一有机会就告诉我该做什么；
- 不要总是向我灌输他们的想法，希望他们也可以听听我是怎么想的；
- 尊重我的意见，至少听听我的看法；
- 我希望他们可以重视我的想法，这是父母对我的尊重；
- 希望父母可以听我说说我的想法；他们不一定要同意我的看法。

3. 信任我。

- 别总把我当小孩子，让我自己做决定；无论结果好坏，我都可以自己承担；

- 希望父母能够信任我，否则我会很难过；
- 请对我多一些信任；
- 相信我，少问我一些问题。

4. 别用居高临下的态度对待我。

- 把我当作成年人；
- 让我自己做决定；如果需要，我会向父母寻求帮助；
- 我不喜欢父母把我当成一个小孩子，规定我什么时候上床睡觉，我困了，自己就会去睡觉，我很讨厌爸爸跟我说"你该睡觉了"；
- 把我当作正常行为人来对待；
- 不要居高临下地对待我；
- 不要摆出一副"你必须听我的"的姿态，来给我讲道理。

5. 不要吼我。

- 希望父母能一直平心静气地跟我说话；
- 不要吼我；
- 不要因为房间乱或者成绩不好而对我大喊大叫。

6. 其他回答。

- 希望父母在做某些事时，能给我一个适当的理由；
- 让我承担更多的责任；
- 父母起码应该尊重我的隐私；
- 希望他们把我当作成年人，别人怎么对待他们，他们就该怎么对待我；

- 我们并不是他们的所有物,任何家庭决定,我们也有权发言;
- 我希望父母能不偏不倚地关爱我。

言语中的尊重

　　父母听孩子的倾诉,认真对待他们,给他们尊严,让他们感受到价值,这样孩子就会觉得父母尊重他们。父母想从孩子那里得到什么样的尊重,就需要同样地尊重孩子。你要把他们当作你周围的成年人一样看待。虽然他们还没有成年,但从他们生下来,就值得父母的尊重。无论是 13 岁、15 岁,还是 17 岁,孩子都希望父母能够倾听他们的想法、重视他们、尊重他们。他们希望父母不要忽视他们的感受和想法。他们最讨厌父母说"你才 16 岁,懂什么?"孩子听到父母这样讲,会感到失望。虽然没有成年人的智慧和生活经验,但他们清楚自己的处境,有独立的感受,对事情也渐渐有了自己的观点。

　　尊重孩子,就是尊重孩子本来的样子。青春期的孩子之所以希望父母把他们当成大人一样,是想父母能给予他们尊重,认真对待他们,不要总是居高临下的。曾经就有个孩子跟父母说:"请你们尊重我的想法,别总觉得我低你们一等。"

　　如果孩子感受到父母的重视,行为就会发生变化。当他们发现你越来越接受他们的想法,就会越来越愿意与父母合作。你们之间的争吵也会减少,因为他们无须再捍卫自己的观点。孩子和你们的交流也会越来越和谐,因为他们觉得父母越来越体贴。

辱骂孩子

在父母不尊重孩子的行为中，辱骂孩子就是其中一种。有一天，我们的大儿子，布莱恩在前院投篮，他弟弟保罗也想一起玩，我就让布莱恩腾出点地方让保罗一起玩，可是布莱恩不愿意，我只能给保罗再找一个篮球，但布莱恩还是觉得自己应该独占前院的空地。他的做法让我很恼火，所以我骂他是个混蛋。话一出口，我就知道自己做错了。可是，那时我很生气，没有跟他道歉。这种感觉很糟糕。后来我离开了院子，心里觉得既生气又沮丧。到了晚上，我和布莱恩说晚安的时候，突然有了道歉的勇气。我对他说："我很抱歉，今天不该骂你混蛋。当时你不愿意和保罗一起在院子里玩篮球，我很生气，但我不该骂你，这是我的错，我该换种方法处理你和弟弟之间的事，对不起。"虽然布莱恩没有回应我，但我知道他听到了我的道歉。

虽然孩子之间经常骂来骂去，有时也会对父母出言不逊，但是他们对父母的谩骂十分敏感。曾经有一天下午，我们全家一起开车出门，保罗对他妹妹说了些粗鲁刻薄的话，这让我很恼怒。但当时我们正在高速路上，我没办法停下车来调停保罗和妹妹的争执。可是后来又听到保罗骂了妹妹，我终于忍不住制止了他。我对他说："保罗，说脏话是令人讨厌的行为，你不能这么跟妹妹说话。"

他却回答说："爸爸，我不讨厌，你不能说我讨厌。"他的这个反应让我很吃惊，他几乎是喊出来的。这时，保罗跟妹妹说脏话的事儿已经无关紧要了，我的话伤害了保罗。虽然我没有直接说保罗令人讨厌，但显然他从我的话里听出了这个意思。

辱骂会对孩子造成很大的伤害，这会打击孩子的自尊心，让他们觉得自己很糟糕。长期对孩子的辱骂和贬低，会造成孩子对父母的气愤、疏远和怨恨。在我们的案例里，有一个初中生曾经考虑申请一所军事院校。但最终他决定放弃军事院校，而选择了一所常春藤院校。当他和爸爸分享这个决定时，他爸爸却骂他是个懦夫，还说他不是个真正的男人。这个孩子因父亲的话感到难过和气馁。他的难过有两方面的原因：一方面，他意识到父亲在情绪上的不成熟；另一方面，父亲不支持他的重大决定，令他感到很失望。

4种方法教你尊重孩子

尊重孩子，要从4个不同的方面审视他们，探究他们到底经历了什么。这4个方面是：

1. 认真对待孩子；
2. 反对孩子行为，但不要否定孩子；
3. 不要拿自己的孩子和别人家的孩子做比较；
4. 尊重他们的计划。

认真对待孩子

当孩子说了一些荒谬的想法或者这些想法和父母的观点有出入时，父母会觉得沮丧。父母会好奇地问孩子"你这个疯狂的想法是哪里来的？""是不是你的那些疯狂的朋友影响了你？"或者"你是看电视脱口秀后，产生了这

样的想法吗？"有时候，孩子完全相反的想法，会令父母感到疑惑、生气，甚至恼怒。

　　青少年成长发育的一个必经过程就是拥有自己的想法。在这个发育期，孩子的行为是正常的——他们正在形成个人人格，渐渐独立。要想从父母身边独立，还有比发表不同的观点更好的方法吗？和父母持有不同的观点，还可以满足青少年的叛逆心理。

　　对青少年来说，产生与父母不同的观点，是十分重要的。在我们的案例中，曾有一位家长细心地留意到，他女儿在乎的是拥有自己的观点，而不是这个观点是否正确。对她来说重要的是，这是她自己的观点，而不是这个观点的具体内容。

　　有时，青少年尝试一个新观点，就像试戴一顶新帽子。他们只是想知道这个观点是否适合自己，也想看看父母的反应。有些青少年就喜欢看到父母震惊的表情。如果父母对他们的观点没什么反应，他们的那些观点往往想想也就忘了。我的一个同事给我讲了下面这个故事。这个故事关于他15岁的儿子——蒂姆。我的同事，拉里，是个心肠柔软的人，也是一个和平主义者。他的儿子十分清楚怎样才能激起父亲内心的波澜。

　　儿子有一天对他说："爸爸，最近我一直在考虑加入美国步枪协会。"

　　拉里并没有因为儿子的话做出过激的反应。他只是跟儿子说："说说你的想法吧。"

　　当儿子向他细数成为步枪协会成员的好处时，拉里认真地听着，没有任何评论和批评。

　　蒂姆说完自己的想法，就问拉里："爸爸，你觉得怎么样？"

这时，拉里开始谈自己的想法和担心。他说，如果是他个人，他肯定不会加入步枪协会。但如果蒂姆想要加入，他会支持。

这位父亲在听孩子的陈述时，不仅没有发表评价，还鼓励儿子和他说说为什么想加入步枪协会。这种反应并不意味着他赞成儿子的想法，只是说明他对儿子的不同看法很感兴趣。拉里并没有被父子间观点的差异吓到。他完整地听完孩子的想法后，才开始分享自己的看法。

这件事过去几个月后，拉里又问蒂姆，是不是决定加入步枪协会时，蒂姆却决定不加入了。他说加入步枪协会太麻烦。如果当初拉里对儿子的想法加以批评，如果他不允许蒂姆加入步枪协会，那么蒂姆很可能会违背父亲的意思。拉里对儿子的想法不妄加评论，给儿子留了足够的空间，让他尝试自己的想法，最终让他自己发现这个想法并不合适。

要尊重青少年，就要认真对待他们，即使你觉得他们的想法只是心血来潮。

反对孩子的行为，但不要否定孩子

要和青春期孩子维系良好的关系，你需要区别对待孩子的行为和孩子本身。你爱着你的孩子，却又可能讨厌他的种种行为。在另一个案例中，一位母亲几次催促孩子去修理草坪，但孩子都没有动作。母亲对孩子的行为很失望，于是对孩子说："唐娜，你太懒了。你总是要各种各样的东西。我们不买给你，你就会抱怨。你为什么就不能主动帮忙做些家务呢？你就是个自私、被宠坏的孩子。"虽然唐娜的表现可能真的很自私，但这么责骂她，她就能学会承担责任吗？父母面对的挑战就是，既要指出孩子不恰当的行为，又要尊重孩子

的人格。

就上面那个案例而言，如果母亲换一种说法，更能表现出对孩子的尊重。比如："你没有修剪草坪，我很失望。这本来就是你本周该做的家务。我还以为你会主动去做。你要把草坪修剪好，才可以出去找朋友们玩。"

不同的说话语气会传达不同的意思。因此父母在批评孩子的行为时，要注意语气中可能隐藏的情绪，也要注意你的语气可能和你的话传达不同的意思。说话要坚决果断，重点是孩子的行为，而不是自己的怒火。

不要拿自己的孩子和别人家的孩子做比较

尊重孩子，父母要做的另一件事就是不要拿自己的孩子和别人家的孩子进行比较，无论是兄弟姐妹，还是亲戚家的孩子，孩子的同学或者其他同龄人。我知道很多父母都会跟孩子说这些话。比如：

- 你为什么不能像你姐姐一样考个高分？
- 你哥哥的房间就很干净，为什么你就不能把房间收拾得跟他一样？
- 你朋友米歇尔对我很有礼貌，希望你能多跟她学学。
- 我像你这么大的时候，根本没有外出约会的念头。
- 你想和你姐姐一样变得一团糟吗？
- 你哥哥工作那么努力，你怎么就不能像他一样？

父母本想用这些话来刺激自己的孩子，让他们改掉自己的毛病。但问题是这样的比较并不能激发孩子的积极性，相反，会令他们灰心丧气。拿他们与别人的孩子比较，会令孩子不快乐，也会打击他们的自尊心。最后的结果可能事与愿违。孩子的学习成绩可能会更糟，房间可能会更乱，言行也可能会更无礼。

另外，这种比较也会导致兄弟姐妹之间的矛盾。被表扬的孩子会感到不自在，而被批评的孩子则会对被表扬的孩子产生怨恨。在这种比较中，没有一个孩子能够受益。

如果你想让孩子取得进步，在考试中得到更好的成绩，整理好自己的房间，少打电话聊天，那么你就直接告诉孩子，而不要拿他和别的孩子比较。你可以采纳以下几种说法：

- 跟我谈谈你的学习成绩吧，你努力得到的这个成绩，自己满意吗？
- 平时你的房间什么样都随你，只要你每周打扫一次。
- 如果你能有礼貌地跟我说话，我会很开心。
- 我注意到，你一直拖到最后才去准备你的演讲，如果你早一点去准备，最后的分数会不会高一点？

青少年不喜欢自己被拿来和别人比较。如果孩子把你和别人家的父母比较，那么你也不会高兴。想想，如果你的孩子对你这么说：

- 别人的妈妈在他们 14 岁时就允许他们谈恋爱了。
- 别人都去参加聚会，你为什么不能像别的家长一样，让我也去参加聚会？
- 我朋友的父母都允许他们看电影，为什么你不让我看？

当孩子这么拿你和别的父母比较时，大部分父母都会感到失望，生气，恼怒。你可能会对你的孩子说："我不是别人家的父母。我就是我。我不会允许你出去玩。"而你的孩子和你的想法是一样的。他们会觉得"我不是姐姐。我就是我。我不喜欢别人拿我和姐姐或者其他人相比"。

尊重孩子的计划

有时候父母会以为自己为孩子做的打算和安排比孩子自己的计划要好。而尊重孩子的另一个方面，就是尊重孩子的计划。接下来这段对话出自一位父亲和他的女儿。

爸爸："萨拉，你表妹这个周末来我们家。等她来了，你要带她一起玩。"

女儿："但是，爸爸，这个周末我已经有别的计划了。周六我要和莫莉去逛街，然后去看电影。你为什么不早点告诉我表妹要来？这对我不公平。"

爸爸："你表妹一年只来一次，你至少应该陪陪她吧。难道你觉得世界都该围着你转吗？"

在上面的对话中，父亲希望女儿听到表妹做客的消息时，能推掉其他的安排。而萨拉因为父亲不顾她已有的计划而感到生气和失望。

我们还有另外一个案例，关于一个父亲，他的女儿是一名八年级的学生。有一天，我和这个父亲约好为他的女儿做心理咨询。我们约在周四下午五点半，后来，这位父亲打电话过来，告诉我他不得不改约时间，因为他忘了问女儿有没有时间，而他女儿周四下午正好有别的安排。这位父亲尊重女儿的计划，并没有认为女儿应当推掉其他事来服从他的安排。后来我们把咨询约在了下周一。

如果你想让孩子听你的安排做什么事情,那么你要提前告诉他,这是你对孩子的尊重。举个例子,你计划全家出游,那么一定要提前告诉孩子。你也可以把这个计划以醒目的方式写在日历上,以便每个家庭成员都可以确认自己的日程安排与家庭出游的计划没有冲突。

如果孩子仍未尊重父母

父母理应得到孩子的尊重。如果父母给予了孩子尊重,可孩子仍未尊重父母怎么办,这种情况下,父母应该怎么做? 我们总不能强制孩子尊重我们。但是,当父母做出榜样,孩子就会在潜移默化中受到影响。

如果在你尊重孩子的情况下,孩子仍未尊重你,你可以采取以下几种措施:

- 保持耐心;
- 继续以尊重他人的行为给孩子做榜样;
- 即使孩子不尊重你,你仍要尊重孩子;
- 改变是逐渐发生的;
- 你要明白,有时孩子表现得比以往更糟,但他最终会有所改变;
- 明确告诉孩子,你不允许任何无礼的言行;
- 划定实际可行的行为界限,对越界的无礼行为,要略施惩罚。

尊重,在父母和青少年的良好关系中起着重要的作用。在我整个从教生涯中,我已深刻地认识到尊重孩子所带来的巨大成效。我这个老师之所以能成功,最主要的原因是我知道如何对待学生。我对待学生态度认真,愿意听

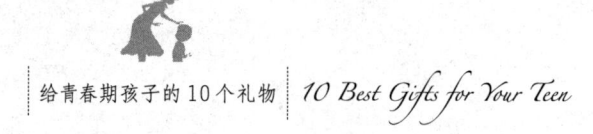

他们说话，无论从言语还是行动上，我都会让学生知道他们是独一无二的，备受重视的。在我教育孩子的过程中，这种方式同样见效。

给新生和毕业生上课的经历让我同时接触了中学生的两极。我对待新生和毕业生的方式不同。新生与高年级学生不同，他们没有高年级学生成熟，阅历也不够丰富，但是，他们仍希望被大人认真对待。

我们之所以把尊重当作第一个而且是最重要的礼物，是因为尊重是良好亲子关系的关键。要想做好接下来的事，尊重是核心。

第 2 个礼物

空间

10 Best Gifts

for Your Teen

给青春期孩子的10个礼物

留给孩子充足的精神空间和物理空间,让他表现自我,实现自我成长。

上帝，请让我放慢脚步，深深地扎根在生命永恒价值的土壤里。我将努力生长，书写自己的命运。

——威尔弗雷德·皮特森

我给一年级新生讲过宗教课程。这门课中的一个单元就是讲亲子关系。学生最感兴趣的一项内容，就是我问他们的3个问题：你做什么事会让父母心烦？父母做的什么事让你心烦？在你和父母的关系中，最美妙的部分是什么？

我带了一届又一届的学生，这些问题的答案都是一样的。学生都说，拖延症、兄弟姐妹之间的争执、跟父母顶嘴，最让父母头疼。他们还说，全家外出游玩，或者和父母愉快聊天时，他们和父母的关系最好。

当回答"父母做什么事让你心烦"这个问题时，学生的答案最有趣。在这些让学生讨厌的事情中，多数都是因为父母不尊重他们的隐私。我列举了一些这方面的例子：

- 父母偷听我打电话；
- 他们擅自拆了别人写给我的信；
- 他们不敲门就进入我的房间；

- 他们总是问很多问题；
- 他们朝我大喊大叫；
- 他们不停地唠叨我。

父母在做这些事时，无论是有心还是无意，结果都一样：大多数孩子都会觉得父母侵犯了他们的隐私。

父母要和孩子建立真诚坦率的关系，就要给孩子空间。这也是我们送给孩子的第2个礼物。给孩子空间，有两层意思。一是比喻义，即让孩子拥有发展自我个性、成为独立个体的足够隐私空间；二是字面义，即允许孩子按个性整理布置自己的房间。

给孩子足够的隐私空间

青春期孩子成长的一个重要任务就是自我身份的发展。他们需要问自己"我到底是谁"，然后寻找这个问题的答案。

要认清自我身份，其中一个方法，就是将自己和父母视为分别独立的个体。对青少年而言，他们不一定要听父母喜欢的音乐，不是非要和父母有共同的信仰，也不一定要认同父母的价值观。他们需要接触形形色色的思想和观点，甚至要尝试变换不同的穿衣风格和发型。孩子需要体验一下和父母不同的生活。孩子从生下来开始，就受到父母给他们灌输的价值观、风俗和习惯。到了青春期，他们需要去质疑这些想法和意识。有时，他们在一开始排斥父母向他们灌输的一切，才能最终去接受并采纳为自己的观点。这个成长的过程需要隐私空间。在这个过程中，他们不喜欢受到父母的看管。

孩子不需要父母事事过问

一般情况下，孩子到了青春期，和父母的交流都会变少。八九岁是孩子最乐于跟父母交谈的时候。他会跟你讲他一天中发生的事儿，比如，学校的见闻、朋友间的趣事，或者球队中的新鲜轶事。等孩子长到十二三岁，他跟父母的交流就会变得出奇的少。安东尼·沃夫这么形容孩子的这种变化：一个13岁的男孩，回到房间，锁上房门，然后房间内传出巨大的音乐声……5年后，他才从那个房间里出来。

当父母刚刚觉得需要和孩子多沟通交流的时候，很不凑巧，孩子和父母的交流却变少了。这个时期的孩子不断地发生着改变。变化之大，让父母觉得好像不认识自己的孩子了。由于父母不想脱离孩子的生活，所以他们会问孩子每天发生了什么事儿。当孩子对他们的问题爱理不理时，父母就会问出更多的问题。这会让孩子觉得父母好像在审问，甚至是拷问他们。

青春期的孩子往往无法忍受父母过多的问题，父母的提问令他们感到厌烦，他们也的确很少回答父母的询问。通常，他们的回答都是一些简单的音节。

你今天在学校做了什么事儿？

没什么。

训练的怎么样？

不错。

你在罗格家做了什么？

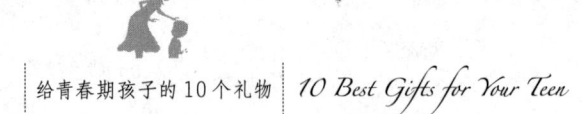

做事。

父母很难从孩子口中问出他们想知道的事情。你的询问只会惹得孩子生气,厌烦。下面这段母子之间的对话,发生在舞蹈课下课之后。

今天跳得怎么样?

很好。

有和其他同学一起跳吗?

有。

和谁?

几个女生,说了你也不认识。

她们叫什么名字?

你知道她们的名字有什么用吗?你怎么一直问我上课的事?你让我很烦。能不能别问这些愚蠢的问题了?别管我的事了,好吗?

在这个案例中,儿子十分生气,甚至想离妈妈远点。而儿子不乐意和妈妈交谈的态度,也让这位妈妈感到挫败和受伤。

像该案例这种情况,即使父母很想知道孩子在学校发生的事情,也要给孩子空间。不要围着孩子问各种问题。如果你真的很想知道孩子今天怎么样,只要简单问一下,"你今天跳得怎么样?"如果孩子的回答简单敷衍,那么就不要继续追问了。你要观察孩子当时的心情,他是不是想和你聊天。如果他刚好愿意和你分享,就好好珍惜这次和孩子交流的机会;如果他不愿多说,就不要继续问了。

从青少年的角度出发，他们不愿与父母交流是再正常不过的事。可对父母来说，他们总觉得孩子有什么事不想让他们知道。父母有时候会想，孩子为什么不愿意跟我聊天？他在隐瞒什么不想让我知道吗？他不会学坏孩子吸毒了吧？但绝大多数时候，孩子并没有打算跟父母隐瞒什么秘密，他仅仅是不想和你说话而已。你越是逼问，孩子就越是不愿回答，这成了一个恶性循环。父母问孩子一个问题，孩子的回答却随意敷衍，于是父母会问更多的问题，导致孩子更不乐意回答。父母与孩子之间的这种交锋，会让父母觉得孩子在排斥自己，从而产生挫败感；而孩子则会生气，不耐烦，更加排斥和父母的沟通。

孩子在刚放学或训练完回到家时，最不乐意说话。这个时候，孩子普遍都不愿意和父母聊天。很多孩子跟我们说，他们很讨厌一进家门，父母就问他们"今天在学校做了什么事？"通常孩子会回一句"没什么"，然后径直走向自己的房间。

孩子刚放学到家的时候，跟他打声招呼就好。如果他想和你聊聊今天学校发生的事儿，就听他讲，别急着在他刚进门时，就问东问西。你的问题可以等到晚上的时候再问。当然，你也要有心理准备，孩子可能仍然会给你一个敷衍的答案，你依然无法知道他在学校过得怎么样。

孩子刚到家的时候，最希望能够独自待一会儿，回想一下一天发生的事，摆脱课业的压力轻松一下。这个时间他总会和朋友打电话聊聊天。只是父母更希望孩子能和自己分享一天的生活，而不是到家还和朋友聊天。根据柯伦的《幸福家庭的特点》(*Traits of a Healthy Family*)中提到的一项研究显示，

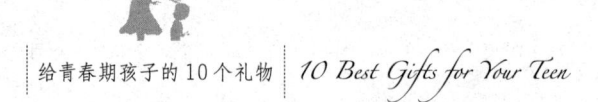

当父母给了孩子足够的隐私空间以后，孩子更愿意和家人、朋友待在一起，也变得更机敏、更坚强、更乐于融入集体、也更开心。

陪伴孩子

如果你想和孩子沟通交流，就少问一些问题，多花些时间和孩子待在一起。当你和孩子在一起的时候，交流聊天的机会自然而然就多了。孩子讨厌被迫的沟通，但当你们待一起的时候，孩子或许会跟你说说自己身边发生的事，前提是你没问他问题。你有很多机会可以和孩子待在一起，比如开车带孩子外出，和孩子一起出去吃比萨，在院子里打篮球，或者一起逛街购物。在这个过程中，你自然有机会和孩子聊天。

投入更多的时间陪伴孩子，非常重要。孩子的情绪让人捉摸不定，所以你很难保证和孩子待在一起的时候，能够进行有效地沟通。而当你们有足够多的时间在一起时，自然会发生一些对话，你也因此能从中更了解自己的孩子。这比你直接问他"今天做了什么事"有用多了。

以我的经历为例。去年，我儿子和班上同学一起参加校外考察，他们会在旧金山湾的一艘船上待一晚，当他回到家时，我问他校外考察是否开心。他说还不错。

"你都做了什么？"我问他。

"也没做什么。"他说。

虽然我有点失望，但也没在意。大概一周之后，我们一起打篮球，他突然跟我说："我以后不会做水手，航海真是个辛苦的工作。"

"看来你那天在船上做了不少辛苦的工作。"我这么回答他。他也接着我的话，跟我说了很多那天校外考察的事情，以及担任船员的经历。

一起吃饭

全家坐在一起吃饭是个很好的机会，父母可以和孩子待在一起聊聊天。对平时都会一起吃饭的家庭来说，饭桌上就是约定成俗的聊天场合。然后，遗憾的是，现在很多家庭很少在一起吃饭。多项研究都显示，美国家庭平均一周有一次家庭聚餐。而且，很多家庭还会边吃饭边看电视。

只要有时间，就要回家和家人孩子一起吃饭。如果没办法一起吃晚餐，那么一起吃个早餐或午餐也行。家人在一起吃饭意味着家庭的团聚，这不仅是为身体补充能量的时候，也是补充精神食粮的时候。

吃饭的时候，父母可以分享自己的事情，给孩子做个示范。不要一开始就问孩子在学校做了什么；相反，首先聊聊自己的事情。你可以说说工作中的成果和不足，也可以说说和同事或者老板之间的趣事或不快。或者，你们也可以谈谈今天的新闻、政治事件，或者最近看过的电影、电视节目。再或者，讲一讲大家庭里亲戚之间的事情。你的分享会引导孩子加入和你的对话。但记住，不要把自己当作这次聊天的中心，你的目的是引导孩子跟家人分享他们的想法和经历。在我家里吃饭的时候，我们就热烈地讨论过政治、宗教、两性方面的话题，甚至说起过孩子在学校发生的事。

不要期待每顿饭你都能和孩子深入、有趣地交谈。有可能连续几天，孩子都较少发言。但总是有那么一天，吃饭的时候，全家人都敞开心扉侃侃而谈，每个人都从聊天中得到乐趣，受到启发。

芭芭拉·卡罗莎在著作《孩子是值得的》(*Kids Are Worth It*)中，建议

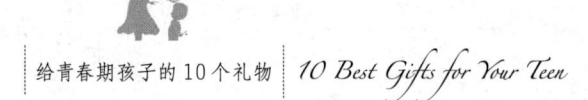

每个家庭每天至少在一起吃一顿饭。如果实在不能一起吃晚饭，那么就一起吃个早饭吧。只要你始终留出时间和家人一起吃饭，那么就可以保证父母和孩子之间有持续的交流。

评论但不质问

发表看法，但不给孩子提问题，这是鼓励孩子和你交流的另一个办法。你可以对观察或感觉到孩子的一些状况发表看法。比如：

- 我感觉今年你的课业负担比前两年重；
- 我觉得你和休在一起的时候更开心，我觉得你挺喜欢她的；
- 你看起来不开心，跟我说说发生了什么事吧；
- 你看起来很累，你一直以来都很努力。

通过这种方式，你开启了一次开放性的对话。如果孩子没有回应你，就顺其自然好了。但像上文一样的说话方式，会引导孩子做出回答。

你可以自己做一个实验。整整一周，不要问孩子任何问题。之前，我们亲子课程中的一个母亲接受了这个挑战。她不再问孩子问题，而是直接把自己观察到的事情说出来。在这期间，她和儿子的第一次对话是这样的：

乔恩，亲子讲座的老师说青少年不喜欢父母问很多问题，你是这样吗？

是的。

好的。那我以后少问一些问题，但是你不要误会我不关心你了。我对你，你的课业，你做的事情仍然很感兴趣，我只是不打算再跟你问这些事情了。

啊？（乔恩似乎很怀疑我的说法）

什么时候你想跟我讲你的事，或者你朋友的事，我都会非常感兴趣，也很愿意听你说这些。所以你想说的时候就说，我不问你了。

再次上亲子课程的时候，这位母亲表示，在过去的一周中，虽然她很少问问题，但她和儿子的交谈却变得很多。这是儿子10岁以后，他们母子之间交流最多的一周。

认识他的朋友

父母和孩子之间经常会因为该和什么人做朋友发生争吵。对父母来说，孩子年龄越小，要干涉孩子和什么样的小伙伴玩耍就越容易。但当孩子到了青春期，你就很难控制他们到底和谁出去玩。即使你不许孩子和某些朋友来往，孩子依然会不时地和这些人一起玩。你越想干涉孩子交朋友，孩子就越有可能反抗。曾经有一个高中女生告诉我，她很喜欢一个男生，但是她的父母却不允许她和那个男生做朋友。在长达3年的时间里，她一直跟这个男生见面约会，而她的父母并不知情。她并不是个坏孩子，她只是为了和男朋友在一起而违背了父母的期许。在父母面前，她不得不藏着掖着，虽然她并不喜欢这么做。

虽然父母不能控制孩子对朋友的选择，但你可以影响并引导孩子选择什么样的朋友。通常情况下，你要让孩子知道，你相信他们有能力选到优秀的朋友。当你不喜欢孩子的朋友时，我们给你以下6个建议：

1. 不要过度干涉孩子交朋友。你的干涉反而会使孩子更坚决地和那些人做朋友。

2. 邀请孩子的朋友到家里玩。当他们都到你家里来的时候，你能更好地了解他们，更准确地判断他们的品性。

3. 结合前面的建议，营造一个对青少年友好的家庭环境。

- 尊重并友善地对待孩子的朋友，哪怕你不喜欢他；
- 参与他们的聊天，了解他们；
- 为孩子和他的朋友们提供足够的零食和汽水；
- 邀请孩子的朋友们留下来吃饭，准备一些大多数青少年爱吃的食物，比如比萨。

4. 告诉孩子，你对他的朋友的看法。

- 分享你的观点和看法；
- 告诉孩子，他/她在朋友身边表现得如何；
- 说出你的担心；
- 指出跟这些人做朋友的好处。

5. 帮助孩子思考，朋友身上的哪些特点最吸引他/她。

你可以问孩子这些问题：你喜欢乔恩的哪些方面？你最喜欢艾希莉身上的什么特点？你们共同的朋友是谁？你们有什么相同的兴趣爱好？

6. 明确规定，最晚回家时间以及禁止孩子参与的活动。

如果孩子的朋友会给孩子的人身安全带来威胁，父母应该怎么办？这种情况下，父母必须坚决地跟孩子表达你的立场，并且禁止他们相互来往。

在一个案例中，一个16岁的女生常和一群有犯罪记录的男生一起外出。

她的父母不断地告诉她，他们不赞同她和这些人做朋友。而女生却认为，这些人是好人，只是有时候做了一些坏事。父母想相信自己的女儿，因此没有进一步干涉。

但是，当女儿也开始做一些坏事时，父母开始和女儿约法三章。尽管他们担心女儿会出现过激反应，但他们仍然决定拿走女儿的驾照。之前，他们从没有做过这样的事。原本以为女儿会反应激烈，跟他们吵闹。令他们惊讶的是，女儿并没有怎么反抗。

时隔多年以后，女儿告诉父母，她很感激那时父母所做的事，她再也不用因为拒绝那些男生而感受到压力。父母分担了她的这些压力，她也不会在朋友面前丢面子。父母的干涉保证了她的安全。

多肯定你的孩子

寻找机会，肯定你的孩子，是给孩子成长空间的另一种方式。遇到威胁人身安全的事，再来表达你的反对。亲子教育专家芭芭拉·卡罗莎说过下面的话：只要不是威胁到生命或违背道德的事，就放手让孩子去做。

把头发染成紫色，穿吊裆裤，戴耳环，青少年通常用这种行为来探索并展现越来越强烈的自我个性。如果孩子的行为会带来永久的影响，比如文身，父母作为监护人，可能要告诉孩子："我不允许你文身。文身要跟着你一辈子。等你长大了可能会后悔。我承担不了这样的责任，所以我不允许你去文身。"

一个坦率的家长会承认，他要青少年遵守的某些规定，其实是为了不让自己难堪。家长们担心孩子那稀奇古怪的头发颜色、文身、肚脐环，会惹来别

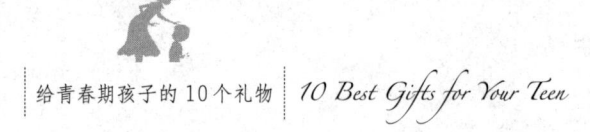

人的闲言碎语。孩子是家庭的一分子，他们的行为可能会给家庭的其他成员带来影响。但是，要支持青少年的个性化发展，我们还需要认同这样一个观念，即孩子只是为他们自己做决定，跟我们无关。这里我们举一个芭芭拉的经历。她的儿子打算把头发剃成自己名字首字母的形状。芭芭拉说："既然这不违背道德，也不威胁生命安全，时间长了，头发还会长回去，那么你就去做吧。但是，儿子，我还是得告诉你，我一点也不喜欢这个发型。"她在尽可能多地支持孩子的决定。

在另一个案例中，一个父亲告诉我们的亲子教育小组，他决不允许儿子戴耳环。这件事总是令这位父亲抑制不住激动的情绪。小组成员劝他说，既然孩子想做的事没有违反道德，也不会带来人身伤害，他是不是可以包容一下孩子的想法。可是这位父亲没办法同意孩子这么做。

长久以来青少年教育的智慧告诉我们，要挑选战场。这是个很不错的建议。父母要想好，你最在意孩子的哪些行为，什么事是孩子绝对不可以做的。那么剩下的事，请尽量支持你的孩子。

让孩子拥有自己的房间

孩子不仅需要精神层面上的空间，也需要物理层面上的空间。他们需要练习对自己房间的控制权，比如，粉刷什么颜色的墙壁，墙上贴什么海报，怎么布置房间，如何保持房间整洁。这种体验，既让他享受到自由，又让他越发独立。在这个过程中，他学着自己做决定，体验在自己的房间内想做什么就做什么的感觉。作为家长，记住，你可以在中途和最后支持孩子的想法。

让孩子在自己的房间内自由自在、不受拘束，至少有下面 4 种好处：

1. 孩子可以自由地探索不同的想法、风格、价值观；

2. 孩子可以感受到个人的力量和权利；

3. 孩子以此展现自己的创造力和表现力；

4. 你和孩子再也不用因为房间的问题而争吵，你不用督促他打扫房间，因为这本来就是他的责任。

有些父母觉得很难完全放弃对孩子房间的掌控权。他们希望孩子的房间干净整洁。他们担心如果孩子不定期打扫自己的房间，那他长大以后，就不会知道如何收拾一个家。父母会有一个疑问："如果孩子的房间都是一团糟，那么他怎样才能学会让自己变得干净整洁呢？"这个问题的答案就是，他在做其他家务的过程中，就要学会保持整洁。他会定期打扫庭院，用吸尘器除尘、刷盘子，或者清理厨房的地板。当他和朋友结束了在家中的聚会，他要收拾自己的烂摊子，使家里重新变得干净整洁。在做上述所有事情的过程中，他就是在学习如何变得干净整洁。

还有些父母会担心，在孩子一团糟的房间里，干净的衣服会和脏衣服混在一起。一位家长就说过："我给孩子洗好衣服，就把干净的衣服整齐地叠起来，放在门口。后来我发现，这些衣服被他丢得到处都是，和脏衣服混在一起，我也分不清楚哪些衣服洗了哪些没洗。"

其实，衣服的问题很好解决。在房间里放一个脏衣篮。每次只洗脏衣篮里的衣服就好了。或者，教孩子使用洗衣机，让他自己洗衣物。你要让他知道，可能不久以后他就会离开家到外面上学或者工作，而使用洗衣机和烘干机是必备的生活技能。

还有一些父母觉得在一个混乱的房间里，孩子很难找到自己需要的东西，这是事实。但是，当孩子找不到东西的时候，别想着去帮他找找。让他自己去承担不收拾房间带来的糟糕后果。

如果你坚决无法容忍孩子住在一个乱糟糟的房间里，那么你有两个选择。要么，你就关起房门，眼不见心不烦。要么，你就要和孩子斗智斗勇，让他把房间收拾干净。有些家长对干净且井井有条的家庭环境十分在意，无法容忍孩子房间的脏乱差。如果你恰巧就是这种类型的家长，那么请你接受现实，和孩子商量一种折中的解决办法，尽量减少与孩子的争吵。

尊重孩子的隐私

让孩子拥有自己房间的主导权，这件事之所以重要，是因为它和孩子的隐私息息相关。孩子，和大人一样，需要有隐私权。孩子还小的时候，父母翻一翻他的书包可能还勉强说得过去。但等孩子到了青春期，父母再去检查他的书包和其他个人物品，就不合适了。偷看孩子的邮件，偷听他打电话，不敲门就直接闯进他的房间，都是不尊重孩子的行为。

曾经就有一个高中生告诉我们，他的妈妈私自拆了美国大学理事会寄给他的信件，而这封信里是他的 SAT 考试分数，这让他十分恼火。一些学生也反映说，父母通过电话分机偷听他们打电话。甚至还有一个学生说，他妈妈用电话答录机把他打电话的内容录了下来。偷听孩子讲话，或者偷看孩子的信件，的确会让你了解孩子多一些，但也会让你付出高昂的代价，你会招来孩子的愤怒、怨恨和疏远。

还有一种情况，父母会不经意间忽视孩子的隐私权，那就是在进孩子房间之前不敲门，或者敲了门后，还没得到孩子的回应就开门进去了。曾有一个孩子这么写道："我希望父母进我房间前先敲门，得到我的允许后再推门进来。"有些家长虽然敲了门，但还没等孩子同意，自己就推门进去了。甚至有些家长，在敲门的同时，就打开了孩子的房门。

父母需要别人尊重他们的隐私权，孩子同样希望且应该保有自己的隐私。父母也不希望孩子不敲门，没得到同意，就随意进入他们的房间。那么孩子当然也该享有同样的权利。一个14岁的孩子曾经这么写道："这是互相尊重的问题。如果父母能以别人尊重他们的方式来尊重我的隐私，那么我也会以同样的方式来尊重他们。"还有另外一个学生也写道："我希望和父母享有同样的隐私权。"

不要急着去翻孩子的物品

有些父母会搜查孩子的房间，翻孩子的书包和抽屉。我们不认同这样的行为，但也理解父母这么做的原因。父母想了解孩子的生活。既然孩子不愿意告诉他们，那么他们只能自己去发现，只是这种方式侵害了孩子的隐私权，也损害了孩子对父母的信任。父母这种侵犯孩子隐私的行为，不仅会招致孩子更多的反感，还会让孩子向父母隐瞒更多的事，导致孩子更加疏远父母。

父母要遏制住想要搜查孩子房间的冲动。未经孩子同意，不要偷看同学写给他的信，也不要读他写的作文。一个16岁的孩子曾经跟我们表达过这样的想法，"别以帮我整理房间为借口，来翻我的东西。然后还要我感谢你帮我打扫了房间"。了解孩子的世界还有其他方法。既不要窥视，也不要询问。就像一个孩子说的那样："没得到我的允许，别碰我的东西。请尊重我的

私人空间。"

有一种特殊的例外情况。当你有足够的理由怀疑你的孩子正在做十分危险的事情的时候,你可以搜查他的物品。比如,如果你发现孩子吸毒、酗酒、滥交、有暴力行为、触犯了法律,那么你需要介入干涉他的行为。这不再是隐私的问题,而是安全问题。如果你有足够的理由怀疑孩子参与了上述某种危险行为,作为父母,你的干预措施保障了孩子的安全和未来。

鼓励自由

青少年逐渐形成了他的独立人格。他需要且渴望自由地成长并探索成年的人格身份。几十年前,那时的孩子享有比现在的孩子多得多的自由。他们可以周六一早出门,到晚饭才回家。他们自由地在家附近和朋友一起玩耍,骑着自行车去镇子的各个地方。现如今,在美国的大部分地区,这种自由荡然无存。这个时代缺乏安全感。作为父母,如今我们对孩子的关切程度多于我们的父母。我们不得不这么做。曾经我们享受了什么样的自由,如今我们的孩子就受到了什么样的拘束。所以,我们的孩子在青春期时越来越体会不到自由的滋味,也很难体会到什么是个人选择。留给孩子充足的精神空间和物理空间,让他表现自我,实现自我成长。这种做法就是满足了孩子对自由的基本需求。

第 3 个礼物
乐于倾听

10 Best Gifts for Your Teen

给青春期孩子的10个礼物

　　接纳——带着同情心、不加评断地倾听孩子——是一个有效的方法,让孩子知道我们在乎他们,会永远陪在他们身边。

对孩子来说，哪怕是已经成年的孩子，有一份礼物是永远不会过时的。那就是父母愿意用心聆听他们的心事。

——芭芭拉·约翰森

去年的时候，我儿子保罗参加了一次学校组织的课外活动，观看话剧《绿山墙的安妮》(*Anne of Green Gables*)。在接他回家的路上，我问他这个话剧好不好看。

"非常棒。"保罗说。

"这个话剧讲了什么？"我问他。

保罗开始给我讲这个话剧的情节，但是我一个字都没听进去。我还有成百上千的事需要思考。我满脑子都想着其他的事，比如，出故障的洗衣机、账单、足球训练，以及第二天上课讲什么内容。虽然我并没有听保罗到底在说什么，但是我时不时地"嗯"一声表示有在听他讲。他讲完以后，我就评价说："这真是个不错的话剧。"虽然我一个字也没听进去。

那天晚上吃饭的时候，派特问保罗："话剧怎么样？"

保罗说："问爸爸吧，今天回来的路上，我已经给他讲过了。"

我的内心十分恐慌，我就要被拆穿了。我支支吾吾地说了一些和绿色山

墙有关的话。但最后我还是跟保罗坦白说，下午他在跟我讲的时候，我并没有认真听。

父母有时真的是糟糕的聆听者。当孩子有事情跟我们分享时，我们却忙着看电视、看报，或者在想自己的事情，根本没有认真去听孩子在讲什么。本来孩子在青春期就不愿意跟父母交流，所以当他们好不容易愿意和我们聊聊天时，一定要停下手中的事，认真听他们说话。因此，要与青少年之间建立良好的亲子关系，第3个礼物就是当一个耐心专注的聆听者。

停下手中的事，看着孩子，认真听他说话

当一个专注的倾听者，很简单。父母需要遵循的原则和孩子过马路要遵守的规则是一样的：停下来，用眼睛观察，用耳朵聆听。乐于倾听孩子讲话的父母会做3件事：停下正在做的事；面向孩子，保持眼神交流；全神贯注地听孩子讲话。这3条准则对所有的积极倾听都很重要，但面对青少年时，它们显得更为重要。

某一天，我正在看报时，儿子布莱恩喊我，说要问我一个问题，但是我那时很想继续看报。

于是我对他说："布莱恩，你过会儿再来问我吧。我这会正忙着看报呢。"

布莱恩听后，一个字不说就离开了。

一个小时以后，我问布莱恩刚刚想说什么。

"爸爸，那不是什么重要的事儿。"他回答说。

"当然重要了。到底是什么事儿？"我坚持要他说给我听。

"真没什么事,爸爸。你别再烦我了。"

后来我妻子派特回家以后,她发现布莱恩和平时不太一样。布莱恩主动找到她,跟她说:"妈妈,我们能找个地方聊聊吗?我有些事想和你说。"

他们去了附近的一家餐馆。布莱恩和派特说,他好朋友的父亲在前一天晚上去世了,布莱恩感到很难过。他们母子两人在外面聊了很久,都很悲伤。派特任由布莱恩表达自己的难过。他们还谈到为什么朋友父亲的去世会使布莱恩这样难过以及失去父亲会是什么感受。而我错失了这次和儿子交谈的机会。我忙着做别的事情,并没有注意到孩子言语之外隐藏的其他信息。我没有抓住那次机会,放下手中的报纸,听孩子倾诉。

做一个积极的倾听者,会让孩子觉得你关心他,并且关心他生活的周遭。认真倾听孩子讲话,也是一个有效的向孩子表达尊重的方式。讽刺的是,当父母主动找孩子聊天时,孩子往往不乐意开口。可是当孩子主动找父母说话时,他就愿意去交流,并且希望父母可以认真听。参与我们亲子教育课程的一位母亲曾说:"我女儿很少和我说她的事儿,所以每次她说的时候,我都会马上停下一切事情,认真听她说话。因为我不知道下一次她愿意和我聊天会是什么时候。"有效地倾听孩子说话需要做到两点:倾听时要全情投入并且对孩子讲话的内容不做评判。

全情投入地倾听

带着一双共情的耳朵倾听,即倾听时要投入感情。你要注意到孩子的感受,了解并接纳他的那些感受。你不仅要听懂他说的话,还要留意他所传达

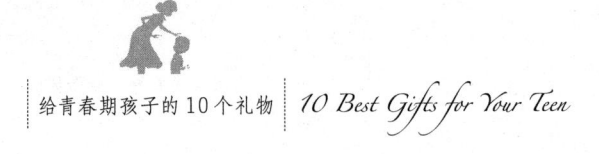

的内心感受。有时孩子会明确表达他的感受，但有时你要透过他的话语去了解他的感受。通常非言语的信号隐藏了一些孩子想要表达的信息。关键是要尊重并承认孩子的感受，但你不需要和他具有相同的感受。

有些家长担心，承认了孩子的感受，就相当于对他表示了赞同。所以他们认为孩子的感受微不足道或者很幼稚从而拒绝认同他们的感受。一个参与亲子教育课程的家长说过："孩子的感受是不准确的，而且很不成熟。"然而事实上，对孩子来说，他的感受源于他的经历。对他们而言，这是恰当且真实的。

> 妈妈，我很沮丧。
>
> 为什么呢？宝贝。
>
> 今天卡洛斯和我分手了。
>
> 卡洛斯？不就是你在冬季舞会认识的那个男生吗？你怎么会那么难过？你和他不过才认识两周。我觉得他对你也没有多认真。再说，除了他，这个世界上还有很多男孩子。

对话中的这位母亲否认了孩子的感受。这样评价孩子的感受会让孩子觉得你并不理解他们的处境。史蒂芬·科维告诉我们："如果你想有效率地和我交流，影响我的想法和行为，那么你首先要理解我。"父母对孩子感受的否认会使亲子关系更加疏远。

一段共情的对话大概是下面这样的：

妈妈,我今天很沮丧。

怎么了,宝贝?

卡洛斯和我分手了。

天哪,我很抱歉听到这个消息,真令人难过,你现在一定很伤心。

是的,妈妈。

最让你难过的是什么?

一个表达同情的回答会让母亲和女儿打开话匣子聊得更多。带着感同身受的心情去聆听孩子讲话,你就能走进孩子的世界。按照孩子看待事情的方式,去看待事情,你就能理解他的感受。科维说:"共情倾听的核心不是让你去赞同某个人的想法或感受;而是,无论从情感层面还是理智层面,你都能完全、深入地理解这个人。"

共情倾听的几点障碍

为什么父母在听孩子讲话时做不到共情,同情和理解?原因主要有以下4点:

1. 父母认为,谈论情绪感受会使孩子的情绪变得更糟;
2. 他们认为,青少年往往会放大自己的情绪感受;
3. 他们想保护孩子免受情绪上的痛苦;
4. 父母不愿孩子以为,他们认同孩子的情绪。

"我不想让孩子的情绪更糟"

共情倾听的最大障碍出于父母的一种担心。他们担心关注孩子的情绪会让事情变得更糟。父母可能认为，对负面情绪的关注会加重孩子的负面情绪，甚至给他带来更多的痛苦。然而，这种担心是错误的。

帮助孩子摆脱负面情绪的最有效方式之一，就是关注孩子的糟糕情绪。孩子的情绪得到父母的注意和认可后，更容易被孩子抛之脑后。如果孩子的情绪感受总是受到父母的否定和忽视，那么这些负面情绪可能会困扰孩子更长时间，甚至会变得更加严重。

在一个案例中，一个学生想争取加入新生篮球队。一共有87个男生竞争有限的13个名额。他通过了前3轮的淘汰赛，觉得自己很有希望成为球队一员。再有一轮淘汰，就可以确定篮球队的最终成员名单。球队公布入选名单时，他激动地找着自己的名字。然而他的名字并没有出现在名单上，他被淘汰了，他并没有成功地成为球队一员。

那晚，他心事重重地回到家里。一到家，父母就问他有没有入选篮球队。他没有说话。父母从他的反应中也知道了结果，他的妈妈为他感到难过。

噢，我为你感到遗憾。

这不是什么大事，反正我也没真的想加入球队，那个教练不是什么好东西。

别这么说。

可是事实就是如此。他根本不知道他做了什么。在球队名单中，至少有 3 个人的球技都不如我。

教练当然知道他在做什么，你还可以参加别的活动，或许你可以去参加摔跤。

我不喜欢摔跤。

我想……

别多管闲事了，妈妈，我不想听。

然后男孩回到自己的房子，砰的一声把门关上了。

本来妈妈只是不想让孩子难过，但她的话却完全起到了反效果。很多家长都会和孩子有上面那样的对话。母亲没有承认孩子的挫败感，失望和伤心，所以孩子结束了和她的对话，而且感到很生气。这位母亲没能真正地体会到儿子的情绪感受。

有时，即使你承认了孩子的某些负面情绪，孩子也不会跟你讲他的那些痛苦感受。出于防御心理，你的孩子可能表现得毫不在意。"我不介意落选。反正学生会糟透了。"事实上，你的孩子可能正在经受巨大的伤心和失落。这时，你可以根据孩子的肢体语言或者其他非语言的线索，揣测一下孩子内心深处的想法，然后对孩子表达你对他的关爱和支持。

我知道你在这次竞选中付出了很多的精力和努力，我想，落选一定让你感到非常失望，我为你感到难过。我知道如果你当选的话，会做出出色的成绩。我只想告诉你，你的付出和努力，让我为你感到骄傲。

上面这一段话中，家长对自己的孩子表示了支持，也告诉孩子，他意识到孩子可能会产生某些情绪，即使孩子可能会否认这些情绪。

你入选球队了吗？

没有，我被淘汰了。这没什么大不了，反正我也不是真的想打篮球。

你一定很难过。我知道你很希望加入篮球队。我为你感到遗憾。你一定很失望。

反正都这样了。

如果你敏锐地发现了孩子内心深处的情绪，告诉他你能理解他的情绪。通常，孩子不愿表露自己的失望。对于青春期的孩子，生活中的最低谷可能是被新生足球队淘汰，和女朋友分手，落选或者没能入选拉拉队。当我们发觉孩子内心的负面情绪时，孩子会感觉更自在，因为我们认可了他的内心感受。

放大的情绪

父母总是认为孩子放大了自己的情绪，这正是共情倾听的第2个障碍。你的女儿会盯着衣橱的衣服抱怨自己没衣服可穿。你的儿子没有舞伴一起参加初中毕业舞会，因此吐槽"生活不易"。周围人都参加的聚会，你的女儿却没收到邀请，她因此自怨自艾，觉得没人喜欢自己。对多数家长来说，这些话语中暗含的情绪都被放大了。因为，家长总是以成年人的标准去判断青少年。大多数成人都以不同的方式控制自己的情绪，能够正确地看待这些事情。但有时候，我们忘了，对一个青春期的孩子来说，这些感受如此真实且强烈。这种感受就像是一个成年人丢了工作，或是经历了至亲的离世。虽然事情不一样，但感受同样的糟糕。

我儿子布莱恩曾经因为数学考试得了 A⁻ 而十分沮丧。这是三年级以来，他的数学成绩第一次低于 A 等，因此心情很糟。他一遍一遍地重复说这次糟糕的数学成绩让他很失望，很沮丧。一直以来，他对自己的要求都很严格。我们跟他说，这个成绩也很好，我们为他付出的努力以及取得的成绩感到骄傲，在我们心里 A⁻ 和 A 是一样的。我们还说，得到 A⁻ 的成绩也没什么大不了。我们绞尽脑汁地安慰他，希望能让他心情好起来。但布莱恩仍充满挫败感和失败感。在这种情况下，他的情绪似乎不该这么糟糕，但我们马上意识到，无论我们认为他的情绪是恰当的还是不当的，那都是他的感受。只有我们接受他的这种失望情绪，他的心情才能慢慢平复。

布莱恩，我能看出来，你因为数学成绩得了 A⁻ 而十分难过。你学习一直那么努力。这次没有得到更好的成绩，我知道你很失望。你应该为你的努力感到骄傲，并且继续努力做到最好。

保护孩子免受情绪困扰

阻碍共情倾听的第 3 个障碍就是，在孩子经历挫折、情绪糟糕的时候，父母总希望能使孩子摆脱糟糕的情绪。我们不希望孩子伤心失望。我们想让他们振作起来，开心起来。因此，我们会否认孩子的负面情绪。

萨拉就是个失败者。

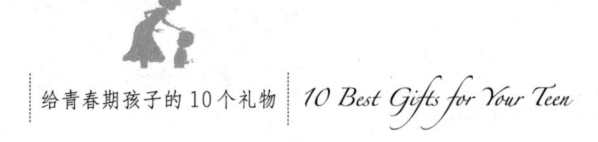

我还以为你喜欢萨拉。

我们分手了。

这没什么。别忘了，天涯何处无芳草。

否认孩子的负面情绪并不能使他们振作。因为你否认了他们的切身感受，他们的心情反而会更糟。下面这个例子讲的是一对夫妻的故事。从这个案例中，你会发现否认负面情绪这个办法是无法让人开心起来的。在这个案例中，丈夫下班到家后，对妻子说：

今天我被解雇了，而且解雇的决定立即生效了。

哦，亲爱的，别担心，工作机会还有很多。

大概没人会这么安慰失业的丈夫。但父母就是这样安慰孩子的，而这样的话语否认了孩子的情绪。对一个青少年来说，被球队淘汰、和男朋友或者女朋友分手带来的打击是沉重的。这种打击对孩子来说，不亚于失业对一个成年人的打击。

承认孩子的情绪并不意味着你认同他们的情绪

共情倾听的第 4 个障碍就是，我们总是担心接纳孩子的情绪会让他误以为我们认同他的情绪。共情的倾听并不是孩子说什么你都要表示同意，你也并不需要做出什么举动。

举个例子，一对夫妻打算周末外出，他们找来孩子的阿姨简到家中照看两个孩子。其中,哥哥是一个正处于青春期的中学生。

"我可以独自待在家里。我不是小孩子了,我已经17岁了,我不是个不能自理的婴儿,为什么你和爸爸总是把我当成小孩子一样,我不需要一个保姆。"

"我知道,你不想让简阿姨到家里来照看你和弟弟,你觉得很尴尬。"

"是的妈妈。你给阿姨打个电话,请她不要来了。"

"我能明白,你觉得让阿姨来咱们家照顾你们是多余的。但我们仍然决定让简阿姨过来。"

"为什么,妈妈?难道你不相信我可以照顾好我们俩吗?"

"我只是担心我们走了以后家里出什么事,所以我希望简能在咱们家。"

"你的意思是说,如果家里出了什么事,你不相信我有能力解决?"

"文森特,我知道这让你很沮丧,我也承认这让你很难接受,但我们还是得让简阿姨来家里帮忙照看你们。"

共情倾听并不是让你改变计划去迁就孩子的情绪。父母承认儿子存在情绪,并表示理解他的情绪,但简阿姨依然要来家里照看孩子。

当孩子遇到困难时,共情倾听是对孩子的一种支持,你不需要赞同孩子的立场,也不需要做其他举动。通过共情倾听的方式和孩子交流,会比传统的说教,更容易得到孩子的认同。

今天上课的时候,萨索老师对我很不公平。我明明没有说话,他却

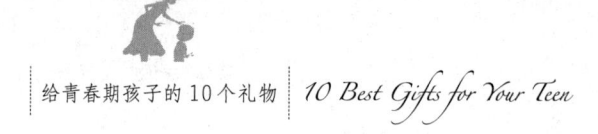

罚我放学后留下来。班里的每个人都在说话，他却只让我留下来。

传统的说教：

如果萨索老师让你放学后留下来，那么，你一定是犯了什么错。如果你没错，我不认为萨索老师会罚你。

共情的倾听：

"班里的人都在说话，他却只罚你留下来。听起来，你确实受到了不公正的待遇。"

"是的，爸爸。你能给萨索老师打个电话，让他别罚我吗？"

"既然这是你和老师两个人之间的问题，那么应该是你打电话给老师，谈谈这件事。"

有时，共情倾听并不能帮助孩子摆脱他们的糟糕情绪。我的一个朋友，曾经带着她正在上七年级的女儿去理发，结果新发型让女儿特别不满意。她特别沮丧，甚至第二天连学校都不想去了。她妈妈带着同情听她抱怨，对女儿复杂的情绪做出回应。女儿在不停地发泄自己的情绪，而妈妈就不断地对孩子正在经受的负面情绪表示理解。一连几个小时，妈妈都听女儿在表达自己的伤心和生气，终于妈妈再也听不下去了。她已经尽力对女儿表示了同情，但是女儿仍在抱怨自己难看的发型，没有停下来的意思。终于，她对女儿说：

"我无法理解一个糟糕的发型对你来说有多么可怕。我不想再听你抱怨了。"

在某个时刻,解决自己糟糕的情绪是青少年面对的一个难题。女儿最终会处理好这个发型给她带来的痛苦情绪。要摆脱这个负面情绪,她要做的其中一件事,就是面对自己的朋友。而母亲的共情倾听,是她解决这些痛苦情绪的开始。

作为父母,我们面临的挑战是,承认孩子负面情绪的存在,并且认真看待他们的情绪。这样并不意味着我们赞同了孩子的感受,也不是说当同样的事情发生在我们身上时,我们会产生和孩子同样强烈的负面情绪。情绪的剧烈波动是青春期孩子的一个特点。共情倾听只是当孩子遭遇痛苦情绪时,我们给予孩子的一种支持。

不加评论地倾听

不加评论地倾听,意思是说,我们在听孩子讲话时,不要批评或质疑他们所说的内容。我们听很多孩子说,他们在跟父母分享自己的观点和想法时,父母总会质疑他们说:"你怎么知道?你才15岁。你还那么小。"

"妈妈,我们今天在班上讨论堕胎。我觉得,女人有权利决定自己是不是想要生下孩子。"

"你怎么能这么说。我们从来都没有这么教你。我们不是有教你更好的价值观吗?"

从此以后，孩子就不太乐意和父母分享她的想法。她怕会受到父母的批评和嘲笑。

接触不同的观点

在青春期，孩子正在形成自己的想法和价值观。他们往往会接触并尝试多种不同的观点，就像在商场里试帽子一样。这个看起来怎么样？如果我持有这个观点，会是怎样的？如果我这么说，我父母该有多震惊？

大多数青少年在青春期，不会一直认定某一种观点，他们在逐渐明确自己的价值观。当然，这会花上许多年的时间。父母的批评会让孩子更坚持某一个想法，即使他自己并没有真正认同这个想法。

青春期的孩子，正在努力地脱离父母，成为独立的个体，形成自己的人格。青少年一直对照着父母，在探索自己的身份。出于这个原因，那些和父母想法相悖的观点总是能吸引他们。我们听孩子表达观点时，不妄加论断，就是给孩子自由，让他们接触各种不同的观点，并放弃那些他们不认同的观点。

有时，听孩子讲话，却不发表评论，对父母来说非常困难，尤其涉及敏感话题。你的孩子可能告诉你，她认为16岁的她已经是个成熟的大人了，所以可以有性行为。她觉得，只要两个人喜欢彼此，那么青少年之间发生婚前性行为就没什么错。按下面的方法，你既支持了孩子表达观点的自由，又可以教育她、挑战她的观点：

- 听孩子讲话时，不要做出评判；
- 强调你对这件事的观点；

・在一些重大事项上，告诉孩子，你希望她怎么做。

评判型回答：

玛丽亚，你怎么能这么说？我认为我们给予你更好的教育，我简直不敢相信我的耳朵。我不想听你这么说。你知道我和你妈妈对婚前性行为的看法。

非评判型回答：

所以你觉得16岁已经能够发生性行为了？跟我说说，你为什么会有这样的想法。

完整地听完孩子的想法后，这个父亲会跟女儿分享，他对于婚前性行为的看法。他会谈到婚前性行为可能造成的情感伤害和身体伤害。然后，告诉女儿，他期望她对婚前性行为是一个怎样的看法。

不要打断孩子讲话

不加评判地听孩子表达想法，会遇到很多困难。其中之一就是听孩子把话讲完，不要打断他。史蒂夫曾经做过一项调查，研究九年级学生和父母之间的关系。其中有一个调查问题就是"你的父母在表达他们的想法之前，是否会听你把话说完？"结果超过65%的学生回答的都是"不会"。

安德鲁和父亲说班上一个同学如何在英语课上作弊。在安德鲁把话讲完之前，父亲就开始向他灌输诚实的价值观，并且暗示说安德鲁助长了这种作弊行为。

即使孩子只讲他的一面之词，你也要尽一切努力，不在他讲话的时候打断他。听他把话讲完，让他觉得你完全听到了他的想法。你要首先允许孩子把话讲完，理解孩子的心情。然后，在告诉他关于某件事，你的想法、感受和观点。这时你讲的话才会发挥作用。

无条件的爱

很多青少年告诉我们，如果哪天他们遇到了麻烦，他们不会告诉父母，也不会向父母寻求帮助。我们问他们原因时，他们说："我爸妈会杀了我。"因此，我们需要让孩子知道，即使他们犯了错，也可以向父母求助，父母不会抛弃他们，也不会对他们的困难置之不理。我们鼓励父母常常对孩子说：

> 如果你做了什么事，违背了我们平时对你的教育，我们希望你知道，我们会一直支持你。如果你惹了麻烦，我们会帮助你处理麻烦。我们爱你，对我们来说，你比那些麻烦重要得多。我们会支持你，爱你，帮助你去承担个人行为的后果。

接纳——带着同情心、不加评断地倾听孩子——是一个有效的方法，让孩子知道我们尊重他们，在乎他们，永远陪在他们身边。

第 4 个礼物

自我坦承

10 Best Gifts for Your Teen

给青春期孩子的10个礼物

有时，自我坦白并不容易，但你会得到丰厚的回馈。它让我们信任彼此，使我们的关系变得更加亲密。

愿我们都敞开心胸达成更深的理解、取得真诚的关爱、关心众生，众生就是我们自己。

——温迪·纳卡奥

要建立健康的亲子关系，真诚的自我坦承是很有帮助的。一位母亲曾经和儿子分享自己的经历："当我还上高中的时候，遇到男生我总是很害羞。好像我在他们周围总是缺乏安全感。我喜欢的男生往往不喜欢我。那时，这件事总让我很痛苦。"儿子很惊讶，他无法想象母亲的青春期，也不敢相信，他与异性相处时的不安与疑惑，原来他妈妈也曾经历过。

妈妈把自己的个人经历分享给孩子，儿子也能够趁此机会和妈妈聊聊他在和女生相处时的害羞和不安。他感觉自己并不是孤单和怪异的。据这位母亲所说，这种内心的挣扎，使他们母子之间发生了美好且真诚的分享交流，进一步加深了母子之间的感情。

建立互相理解关心的亲子关系，第4个妙招就是，袒露自我。坦诚地告诉孩子，你是如何成了今天的模样。跟孩子分享个人经历，让孩子知道，在父母的角色之外，你是个怎样的人，并由此与孩子建立起信任、坦白、真诚的关系。当你分享自己曾经面临的困难、回顾自己的生活经历时，你也是在邀请

孩子分享他们的经历。当你把个人生活中一段重要经历拿出来分享时，你表现出了对孩子的信任。同时，你的分享也会影响孩子，让他也愿意信任你，讲出自己的经历。

自我坦承，不仅仅需要你分享过去和现在的经历，还要你分享对未来的梦想。你一点点地揭开家族的历史和生活故事，讲述你现在所渴望、担心、开心的事情。在这个过程中，你公开了自己的生活经历、遭受的各种挫折、获得的满意成就，还有学到的经验教训。当你将私人的事情告诉孩子时，你也在引导孩子分享他的经历。

父母也是人

我们在分享个人的经历时，会夹杂着一些心得体会。这时，对孩子来说，我们好像已经不是家长了，而是一个拥有宝贵人生经验的个体。这种分享也让我们跳出家长的角色与孩子相处。

每年史蒂夫都会给新生们布置一项作业，采访父母对于约会和男女生关系的看法。学生会问父母许多问题，比如，年轻时如何与异性相处，约会有哪些要注意的原则等。这些答案会揭开许多父母过往的生活片段。这项作业，几乎无一例外地加深了父母与孩子之间的感情。下面是来自这些学生的一些想法：

- 我妈说她那时不愿意去女子学校，因为她害怕在那里她再也见不到一个男生。那次聊天，我最大的收获大概是，我发觉，原来很久以前，我爸妈跟我是一样的。

- 我知道任何时候我都可以向父母寻求帮助。我想我和父母的关系变得更加亲近，也更加信任彼此了。我真的很开心，能和父母有一次这样的交谈。
- 父母知道的事情远比我想象得多。他们也有过和我现在相似的经历。很高兴我们能有这样的对话，因为这次谈话开启了新的交流话题。

如果我们希望孩子能把他们生活中的事情和忧虑告诉我们，我们就需要跟他们分享我们的事情和忧虑。我们跳出父母的角色，告诉他们作为一个个体，我们是什么样子的，我们也有和他们同样的忧虑和烦恼。自我坦诚是一个很好的方式，吸引青少年和父母交谈。

为什么孩子不和我聊天

许多青春期孩子的父母抱怨，孩子不和他们聊天。记住，这是孩子成长发育的必经过程。青少年会有一些疏远父母，这是他们走向独立的过程。为什么许多孩子到了青春期就不愿意和父母聊那么多了？我们之前讨论过一些原因，比如，父母过多的批评或质疑等。而另一个原因就是父母很少和孩子分享他们的生活经历。没有父母作为范例，孩子也不知道该怎么和父母坦率且真诚地交流。

想一想。你的父母曾经有没有跟你分享过他的一些个人经历？他们是否告诉过你他们的成长经历，他们如何和他们的父母相处？有没有讲过他们高中时的一些不安或者成就？他们刚结婚时遇到过怎样的困难，又有过哪些愉快的经历？在孩子到来之前，他们的生活是什么样的？我的父母很少提起他

们自己的事。直到我长大离开家以后，我首先开始和他们分享自己的一些事，我们之间才有了互相分享经历的交流。

　　成年人分享自己的故事，给孩子做了示范，孩子才愿意分享他的经历。袒露自我给亲子关系带来的积极影响，会让你感到惊讶。

　　我们这里一所当地中学的校长拉塞尔曾听我们提到过坦露自我的巨大影响。尽管他的孩子不在青春期，但是他常在教堂与许多青少年打交道。他负责青年组织的协调工作。去年每个周三晚上，他都载着邻居家16岁的男孩去参加青年会议。他有很多次都想和男孩聊聊，谈谈学校、运动、朋友或者其他话题，但孩子给他的回答通常只有一两个字。

　　后来，他听说自我坦露的重要性，决定试一试。在一次载男孩去参加青年会议的路上，他改变了方法。拉塞尔开始讲起了自己的经历，他在哪里长大，都和谁交朋友，有什么爱好，高中时参加什么运动。男孩只是听着。

　　那天晚上回家的时候，男孩开始敞开心扉和他聊天。他谈了谈学校和班里的事儿，还有他对未来的规划。拉塞尔简直不敢相信，这个方法居然这么容易就见效了。因为他分享了自己的经历和过去，孩子也很自然地分享自己的事情。在这段车程中，拉塞尔对这个年轻旅伴的了解比过去3个月都多。

　　坦露自我并不是要告诉孩子，当我们还是孩子的时候，有多么糟糕，也不是要拿过去和现在对比。有些父母常用"当我还是你这么大的时候"这种开头来给孩子讲故事。而坦露自我并不是这样的故事分享。我很惊讶，现在居然还有这么多父母这么跟孩子讲这种老掉牙的故事："当我还是你这么大的时候，下雪天……我还要走5英里，步行去学校。"

　　我们的观点是：不要对着孩子一个人滔滔不绝地讲，要跟他交流，这两者有巨大的差别。你要尝试用真诚生动的语言和孩子对话。

自我坦承的 4 条指导原则

有许多方法可以教父母对孩子坦率地分享自己的经历。这里，我们提供下面 4 条建议：

1. 表现出你对青少年活动的兴趣；
2. 花时间陪伴他们；
3. 表现自己的脆弱；
4. 真诚地对待孩子。

表现你对青少年活动的兴趣

你要真正地对青少年的生活感兴趣。参加家长返校日活动，表现出你对他们取得的学习成果很感兴趣。参加他们的运动会，观看他们的演出、音乐会、艺术展和辩论锦标赛。你可以问孩子还有什么新鲜的活动，或者让他给你讲讲乐队训练的事儿。当他们在自己的兴趣领域充满成就感时，你要同他们一起开心，给予他们支持。

在一个案例中，一个七年级的学生希望做律师的父亲注意到自己。她知道，父亲在一个重要的案件上投入了巨大的时间和精力。有一天，女儿问父亲："爸爸，你那么辛苦准备的案件怎么样了？"父亲盯着文件，连头都没抬起来，就跟女儿说："哦，你不会感兴趣的。"

我不知道未来当这位父亲想知道女儿在学校过得怎么样，或者垒球比赛

怎么样的时候,有多少次女儿会回答他:"哦,你不会感兴趣的。"

花时间陪伴孩子

多年以来,你一直精心培养着你和孩子之间的关系。和青春期孩子的交流也是亲子关系的一部分。在他小的时候,你花了许多时间陪他玩,帮助他做作业,投入整个身心来照顾他。这些为日后在父母和青春期孩子之间建立良好的关系奠定了坚固基础。

如果你感觉到虽然你想花很多时间陪伴孩子,但实际并未做到,那么从现在开始,与已经在青春期的孩子建立一种亲密温暖的亲子关系也不算太晚。你应当下定决心,花更多时间和孩子待在一起,更加专注认真地听他讲话,更加毫无保留地分享自己的经历。开始的时候,你可以定一个时间表,到这个时间,你就要去陪伴孩子。和孩子约好一起去做的事,你就要把它写在日程表上。你可以约孩子一起去购物、看球赛、爬山、骑行、看电影或者吃比萨。许多孩子说他们不想和父母待在一起,这真令人沮丧。但是,我们也知道几乎没有青少年会拒绝去吃比萨、看球赛、逛街,尤其是当父母埋单的时候。当你和孩子在一起的时候,记得尽所有努力去分享自己的故事,而不是去谈论孩子的事情。

表现自己的脆弱

自我坦承意味着你愿意表现出自己的脆弱,你不必总是一副能把什么事情都安排得井井有条的样子。你的想法、语言、感受和肢体语言都同时表现出你的脆弱。例如,你可以说"你在宵禁之后外出让我很担心。你没打电话回来，我就会胡思乱想，以为你出了什么事"。

坦露自我，你还可以这么说"我爱你，我很高兴有你做我的女儿。你出现在我的生命中让我十分幸福。我为你骄傲"。当你这么说的时候，你就是在向孩子表达你抑制不住的爱。

有一点很重要，那就是我们要让孩子知道我们到底是怎样的人。也就是说我们需要跟他们讲我们过去的经历，无论是成功的还是失败的。我们也要告诉他们，这些年来，我们曾经犯过的错误，得到的教训。表现出自身的脆弱是自我坦承的一个重要特点。

凯文·勒曼教授在他的著作《聪明的孩子，愚蠢的选择》(*Smart Kids, Stupid Choices*)中，这么写道：

> 如果你想和青春期孩子交流，那么你必须表现出自己的弱点和真诚。对他们来说，你得是个真实的人，让他们知道你真实的样子——毫不掩盖的样子。你一定要诚实。撒谎或者企图扮演完美父母，都会被孩子发现。要想进入孩子的私人世界，你必须足够勇敢，将个人生活中的现实情况和复杂情况坦率地告诉孩子。

真诚地对待孩子

家长的诚实很受孩子欢迎。你撒谎的时候，往往逃不过孩子的眼睛。当孩子问你问题时，你要给他诚实的回答。如果这个问题涉及吸毒、两性、婚姻，不要逃避问题。直截了当地给出答案。你在给孩子做一个诚实的榜样，让他可以效仿。

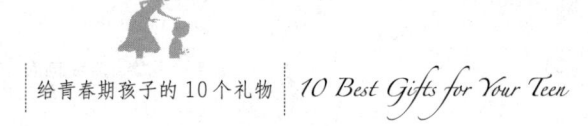

我们的一个朋友离婚后再婚。在第二段婚姻中,她有了两个孩子。有一天,我们在她家吃晚饭。当大人们在吃甜点时,孩子在客厅看电视。我们聊天时,我无意中问她是否还和前夫有联系。她说:"派特,嘘。孩子不知道我之前结过婚。"我很震惊,想不到她居然向孩子隐瞒过去的婚姻。

很遗憾,许多父母在养育孩子的过程中都有采取这种方式。有些秘密他们不愿意让孩子知道,以免自己感到羞愧和尴尬。父母说他们这是在保护孩子,但是孩子能够接受真相。他们在得知事情的真相时,并不会如我们想象得那样失望。我们的担心总是会让我们撒谎。等将来两个孩子发现母亲的第一段婚姻时,他们更可能因为母亲的隐瞒而感到沮丧,而不是因为母亲曾经的婚史感到生气。

诚实地跟孩子讲两性方面的话题,尤为重要。在我还小的时候,父母从来不跟我谈论有关性的话题,我也从来没问过相关问题。我想不起来我们是否曾经在家里讨论过类似的话题。因此,那时,我都是从朋友那里得到一些关于两性的信息。尽管朋友知道很多,但大多数青春期的孩子对性问题和性行为的认识都不够全面和正确。

由于艾滋病的传播以及许多经由性行为传播的疾病,父母再也不能逃避性话题了。父母有必要学一下如何同儿子女儿讨论负责任的性行为。只有父母之间性行为和谐,才能自如妥善地和孩子谈论性话题。这样的对话开始得越早,那么等孩子长大一些的时候,父母越容易和他讨论一些适合他年纪的性问题。随着孩子的成长,这个话题的具体内容也会发生变化。

到孩子的青春期,才开始和他谈论性话题,已经不是一个容易的工作了。到了这个年纪,他们会觉得自己什么都知道。如果你之前没有和孩子坦率诚实地交流过两性及性行为的话题，也没建立起这种对话机制，那么现在再做这件事十分困难。但是有一个策略，就是寻找机会，从媒体的话题，亲戚朋友的经历或者你的个人经历，开启这个话题。

许多孩子不愿意和父母聊有关性的话题，因为他们十分害羞，也可能因为他们觉得父母什么也不知道。有时聊到有关性的话题时，父母就会感觉不自在。有些父母还尝试转移话题或简单粗暴地禁止孩子发生性行为。尽管许多孩子对性话题有抵触，但我们仍要战胜自我，去跟孩子聊聊性话题。

诚实地面对严峻的问题

经常会有家长问我们这样的问题："如果女儿问我，我有没有过婚前性行为，我该怎么回答她？我确实有，但我不希望她这么做。这会带来许多危险，她有可能感染艾滋病，还有可能怀孕。我该告诉她事实吗？这样会让她以为她也可以这么做吗？"

你要诚实地面对自己的孩子。告诉她事实，并且把自己从中得到的经验分享给她，还要让她知道你为什么不想让她这么做。这样的答案，并没有默许她有婚前性行为，反而给她一个机会，让她从你的经历中学习成长。你要让她知道，一旦发生婚前性行为，可能造成严重后果。跟她讲清楚婚前性行为可能带来的身体上、情感上和精神上的伤害。这样，她才能在得知一切信息的情况下，做出明智的决定。女儿应该自己做出可靠且负责的选择，而你应该支持她为自己做决定。

有些父母一想到要诚实地面对孩子，就觉得浑身不自在。如果他们曾经

做过令自己后悔的事,他们担心跟孩子坦白事实后,孩子会以此为借口,做出同样的事,但事实并不会如此。跟孩子诚实地讲述自己的过去,孩子才会明白,你跟他们在一起时,也是一个有血有肉的人,而且你愿意诚实地面对他们。

我们不建议你自己主动跟孩子讲你所有的过往。但是,如果孩子问起你的某段经历,记得告诉他事实。当你企图掩盖事实时,孩子总能马上发觉。他们会觉得你不尊重他们。一个16岁的孩子曾经告诉我们:"我问爸妈他们上中学时,有没有吸过大麻,他们否认了。但我知道他们在撒谎。我毫不费力地就能找到线索,猜到事情的真相。"

当孩子的提问涉及你的隐私,让你感觉不自在时,你的回答应该注意以下3点:

1. 诚实地回答;

2. 强调你所得到的教训和你的观点;

3. 在一些重要事情上,告诉孩子你希望他怎么做。

记住,当你把自己曾经的负面行为告诉孩子时,你就充当了负面的行为示范,促使孩子做出更有益的决定。

为什么我不能这么做

有时,孩子想去一个地方,但是你并不放心让他去。如果他问你"为什么我不能去?"时,请告诉他真实的原因。不要只是说"因为我是你爸爸,我不让你去"。你要把你这么做的理由告诉孩子。孩子一定会反问你:"但是为什么我不能去？"你只要坚持你的立场，相信你的决定，不要动摇，一次次打消想放任他出去玩的念头。

你在为孩子做决定时，不是总有合乎逻辑的理由。常常那只是你的一种直觉，那么就诚实地告诉他。你可以说："我确实没有恰当的理由反对你出去玩。我只是感觉你不能这么做。"你要相信自己的直觉和决定。

有时，父母觉得孩子的提问只是想看他们的笑话。孩子在提问时并不尊重他们，或者只是为了顶嘴。你可以尝试严肃地对待孩子的提问，并且给他直截了当地回答。一个高中女生告诉我们，当父母让她别顶嘴时，她会认为，父母是让她别说话。

诚实地回答孩子的提问，会使亲子双方更加坦诚，也更了解对方。在孩子还小的时候，你就可以告诉他们："你可以问我任何事任何问题，哪怕是关于性的，我都会给你诚实的答案。"然后，你就要履行自己的承诺。

自我坦承——物有所值

自我坦承意味着自我的坦露和诚实。这让你在孩子面前，成为一个有血有肉的真实的人。这意味着，面对孩子的提问，你要给出真实、直接的答案。它需要你展示自己的弱点。通过向孩子坦白自我，你努力使亲子关系变得更深厚牢固。有时，自我坦白并不容易，但你会得到丰厚的回馈。自我坦承是我们可以送给孩子的珍贵礼物。它让我们和孩子信任彼此，使我们和孩子的关系变得更加亲密。

第 5 个礼物

责任心

10 Best Gifts

for Your Teen

给青春期孩子的10个礼物

让孩子承担责任,而不是溺爱他,帮他解决困难。父母指引孩子成为一个有责任心的人,这就是我们送给孩子的一个美好的礼物。

承担责任是人们最害怕的。但在这个世界上，正是责任心，让我们成长，成为一个真正的男人或者女人。

——弗兰克·克雷恩

"我们该怎么做？"一位母亲扫视亲子教育小组的成员，眼中带着恳求。"我儿子14岁，特别不负责任。早上，我们叫他起床，他也不起，我们朝他吼多少次，他依然不肯动身。拖到最后一分钟，他才从床上跳起来，匆匆忙忙地穿衣服，往嘴里塞几口早饭，跑到车上去。有很多次，早上因为他的磨蹭耽误了车上所有人，孩子上学迟到，丈夫和我上班迟到。他非常自私，只想到自己。他的行为影响了我们所有人。"

你给孩子的第5个礼物就是责任感。教育孩子过程中，一个重要任务就是教他们成为具有责任心的人。有很多方法可以教他们成为一个负责任的人。其中一个办法就是，让孩子为自己做的决定负责。

有时，父母遇到的第一个挑战就是责任的划分，分清楚哪些是父母的责任，哪些是孩子的责任。在上面的故事中，父母感到困惑。他们承担的责任是要确保儿子能按时到达学校。他们面临的挑战就是把某些属于儿子的责任交给他来承担。他们没理由因为儿子不按时起床，而去承担上班迟到的后果。

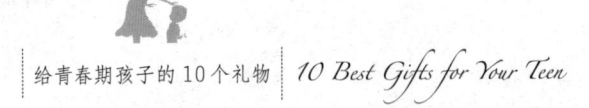

下面，我们为遇到相似问题的父母提供了一个方案，教父母把属于孩子的责任交还给孩子。

- 告诉他，准时上车，出发去学校，是他的责任；
- 给他一个闹钟，教他怎么用；
- 闹钟响了以后，不要去叫他起床；
- 明确告知孩子，车子几点出发（比如早上 7:30，车会准时出发，如果你想搭车去学校，就要按时上车）；
- 明确后果。如果他没按时上车，那么他就要自己想办法去学校。和他讨论一下，如果他没赶上车，他可以选择什么交通方式去上学，比如，坐公交、走路，或者骑自行车；
- 如果他上学迟到了，他也应当接受学校的处罚；
- 让他明确地知道你对他的期望，请他复述上面的规矩和后果，确保你们对以上内容的理解没有偏差；

接下来，就是这个方案最重要的部分，即使儿子因此上学迟到，也要坚持上述原则。但很多父母却一次又一次地宽容孩子。为了让孩子成为有责任心的人，父母必须后退，不要试图帮他弥补自己做的错误决定。自己做的决定，我们得让孩子自己来承担。

这对父母从亲子教育研讨班回家后，跟儿子谈了谈他们的想法。第二天，他们开始执行这个方案。儿子 4 次关掉闹钟，终于在 7:25 起了床，他匆忙穿上衣服，冲到门外，刚好看到父亲开车走了。

他找到母亲，希望母亲能载他上学。"拜托了，妈妈。就这一次，我就求你这一次。"这位母亲觉得非常不舒服，她很熟悉地感受那种要帮助儿子的压力。

"我们昨天达成了协议,我很抱歉。"

"我保证,我以后一定早起。"

这位母亲在心里鼓足了勇气,平静且坚定地说:"你得搭公交去学校了。"

儿子十分生气,而且态度恶劣。他几乎是喊出来:"你得开车把我送到学校,这是你作为母亲的责任。"

对这位母亲来说,要拒绝儿子十分困难,但她还是做到了。她拒绝了儿子寻求帮助的请求。儿子骂骂咧咧地离开了家,很生气地摔门走了。

第二天早上,儿子按时坐上了上学的车。那周,儿子再也没迟到过。父母也省去了哄儿子起床的麻烦。在儿子的责任心教育上,这位母亲迈出了巨大的一步。

教育的 3 种风格

你的教育风格有巨大的影响力,影响孩子如何成为一个负责任的人。我们将探讨 3 种教育风格,指出它们对责任心教育的影响。

专制型家教

我是家里的小儿子,和两个哥哥一起长大的过程中,我们制造了一堆麻烦。我记得有一次,我们 3 个找到了一些颜料,决定为室外烧烤炉涂上新颜色。那时我大概 5 岁,我为我们的涂色成果感到十分自豪。可是,很不巧,父亲并不喜欢我们的成果,他还是喜欢原来的样子。

我忘了我们给烧烤炉涂了什么颜色，但清楚地记得我们因此受到的惩罚。我们洗了澡，然后，光着屁股，被父亲揍了一顿。直到现在，我都记得那一天。尽管我认为无论是什么情况，父母都不应该打孩子，但是我可以理解为什么有人认为责打可以帮孩子改掉坏毛病。从某个层面上来讲，那顿揍起效了，因为直到今天，我再也没有涂过任何烧烤炉。

几个月前，我偶然问起父亲，他是否还记得那件事。很奇怪，他居然说他不记得了。我半开玩笑地对他说："你的那顿打影响了我一辈子，你自己却忘了？"

我父亲和他那一代的许多父母一样，采取的是专制式的教育风格。这背后的原则就是，通过武力和惩罚教孩子如何行事。父母就像老板，确立了严格的行为准则，很难容许孩子讨价还价。专制式教育的首要任务是约束孩子的行为，而不是教他们自我约束。专制的家长希望孩子服从指挥，让他做什么就去做什么。惩罚也是展现他们权威的主要手段。专制的父母常采用的惩罚手段包括：打屁股，剥夺孩子的某些权利，罚孩子多做家务。

训导 VS 惩罚

本书想强调一下，训导和惩罚之间，有很大的区别，虽然这两个词经常被混为一谈。

训导是教孩子做出对自己负责任的决定。通过非暴力的手段，巩固期望达到的结果。训导并不损害孩子的尊严。有效的训导都有一个潜在的原则，那就是，人犯了错误后，能从错误中得到教训。

惩罚是施加痛苦，受到约束。施加惩罚的人往往有一种高高在上的态度。惩罚让人害怕，从而约束人的行为。它使孩子依赖外在结果（是否会被发现）

来做决定。惩罚并没有教他们责任感和自我约束。斯蒂芬·格伦和简·内尔森共同编著的《抚养孩子，迈向成功》（*Raising Children for Success*）一书中写道，惩罚会教孩子3件事：怨恨、报复、自我放弃。

曾经的案例中，一位父亲在儿子的背包中发现了大麻，然后要约束儿子的某些自由权利长达6个月。儿子对这么长时间的看管感到十分的愤怒。他气得在房门和墙壁上砸了好多坑。父母因此决定延长惩罚的期限，这变成了一场关于控制权的激烈对抗。儿子怨恨父母，甚至几个月过去后，这种怨恨更加强烈。这种惩罚方式怎么能教孩子对自己负责？孩子知道吸大麻会带来多大危害吗？孩子有没有学会如何自制，如何控制自己愤怒的情绪？孩子如何看待他和父母之间的关系？

惩罚也可能导致报复，让孩子产生报复父母的想法。有时，孩子会把糟糕的学习成绩当作报复父母的一种方式。一个聪明的高中生，成绩可能滑落到D等或者F。他们知道，父母无法掌控他们的成绩。绝大多数时候，这些孩子并没有意识到他们到底在做什么。

格伦和内尔森书中提到的自我放弃可能表现为叛逆，即孩子会想"我想做什么就做什么，只要不被发现就好。"或者可能表现为一种自我应验的预言。一个自卑的孩子，可能会觉得自己不是个好孩子，应该受到惩罚。最终，这种自我放弃可能表现为失败，孩子会认为"我放弃了。我什么要尝试？我从来没赢过。我只希望父母别来烦我。"惩罚所带来的所有影响都会是孩子与父母之间的一道隔阂。

有些父母乐于采取专制的教育方式。惩罚好像是一种行之有效的约束方式。它往往能制止错误行为，并且建立起显而易见的约束体制。惩罚的问题

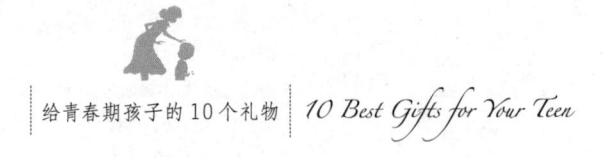

在于，从长远来说，它的结果是有害的——它会导致孩子的自卑，叛逆，极度抵抗，欺骗。孩子知道了行为约束的表象，却没有体会到个人责任感的核心意义。他们学会了欺骗。他们认为只要没被家长发现，那么行为就没有错。

支持体罚的家长常把一句名言放在嘴边："闲了棍子，惯了孩子。"这些人坚持认为，家长舍得打孩子，孩子才不会被宠坏。事实上，这句话在《旧约》的箴言篇中，有着完全相反的含义。这里的棍子，指的不是打人的棍棒，而是牧羊的荆条。牧羊人用它来驱赶羊群在正确且安全的道路上前进，而不是为了鞭打羊群。因此，这则谚语的深层含义是说，父母明确地告诉孩子哪些行为是不允许的，并确立家庭准则，这样就能使孩子一直朝着正确的人生方向前进。

纵容型家教

在我小的时候，家里有5个孩子，我排行老三。我所受到的教育和史蒂夫所经历的专制教育恰恰相反，我的父母十分宽容。我在一个没什么秩序的家庭中长大，家里没有什么一定要遵守的规矩，没有什么一定不能做的事，父母似乎对我们也没什么要求。但这也意味着，父母很少教导我们，我们要自己判断该做什么事。我们自己照顾自己。因此，我那时觉得，父母并不重视我。

纵容型的父母在家里给了孩子过多的掌控权。这样的家庭往往角色混乱。孩子表现得像父母一样。在这样失控的家庭中，孩子享受了太多的自由，很少受到束缚，甚至根本没有任何约束。这些父母，要么很少关注孩子的情绪，一心想着事业或者赚钱，要么只关心自己的需要，受到个人生活的困扰，没有承担起教育孩子的责任。制定并执行家规，对他们来说并不容易。

纵容式教育并不仅仅是那些极端的案例。我们之中的很多父母都会帮孩子解决困难，或者溺爱孩子，这也是在纵容孩子。

帮孩子解决困难

我们街区的一个男孩子因为超速，收到一张80美元的罚单。他17岁，在当地的一家餐馆打工。他父亲一听说，就催男孩子去付罚金。男孩子保证他会办好这件事。过了一段时间，父亲再次提醒男孩子，并向男孩子施压，让他去付罚单。男孩子再次跟父亲保证，当天就会去交钱。父亲也就不再提这件事。

几个月以后，父亲发现了车管局给男孩子寄的一封信。由于男孩子未缴罚金，这笔罚金已经增加到了几百美元，男孩子的驾照也被吊销了。父亲对男孩子十分恼火。他来问我们这些邻居对这件事的看法。

史蒂夫说："这真是一笔不小的数目。你会让孩子去打工，用自己赚到的钱缴罚款吗？"

这位父亲说："不。我打算让他自己先煎熬一阵子，然后我会帮他把罚款缴了。"

有多少次我们介入孩子的事情，帮他们解决困难？让孩子煎熬一下真的能够教他变得有责任感吗？那个男孩子会从自己的行为或者从自己的不作为中学到什么？如果父亲帮他解决麻烦，那他怎样才能学会成为一个有责任感的人？父母不让孩子去承担、处理自己造成的恶果，会使孩子陷入困境。如果父母让孩子自己承担后果，就是在教他们责任感。

很多父母，都在一些小事上给孩子提供帮助。他们忘带午餐或者忘带作业的时候，我们会帮他们送到学校。他们没完成学校布置的作业，想请假留

在家里补作业时，我们会帮他找个借口跟学校请假。作为父母，我们要十分当心自己给孩子的一些帮助，问问自己："我们对孩子的帮助到底怎样妨碍了孩子成为一个有责任感的人？"

有天晚上10点，我儿子保罗找到我，希望我能给他的社会学研究课题提供一些帮助。

当然可以，保罗。我明天再帮你。现在我得去睡觉了。

呃，可是爸爸，明天就要交了。

所以，我做了什么？我坐在电脑前面，开始帮他完成作业。同时，我教育他不该拖到最后一刻再来找我求助，这是不负责任的。而那时，帮孩子做作业的我才是那个不负责任的人。

如果我当时说："保罗，现在很晚了，我要去睡了。我很高兴能够给你的论文提供帮助，但今晚不行。如果你需要我的帮助，你应该提前跟我说。"那么保罗才能学到有关责任心的重要一课。

有时，父母很难对孩子的困境置之不理，因为我们都想孩子在学校有优异的表现。要想让孩子变得优秀，我们可以做更有价值的事，帮助他们管理时间，而不是在最后一刻给他们的作业提供帮助。如果我们伸出了援手，我们就是在教孩子，无论他们多么不负责任，父母都会帮他们摆平。

溺爱

纵容型父母对孩子的溺爱也会使孩子更加不负责任。溺爱就是，明明孩子自己可以做的事，父母却要帮他做。一位母亲给我们讲了她因为儿子而做的一件十分难堪的事。他儿子才入学,有一个关系稳定的女朋友,但他却想和女朋友分手。一天下午,他在和女朋友讲电话,突然把话筒递给了妈妈,对妈妈说:"你跟她说,我想要分手。"这位母亲不以为然地拿起电话,对那边说:"我儿子和你在一起不开心。他想和你分手。"

她在讲这件事时,屋子里充满尴尬的笑声。我们不敢相信她居然会那么做。而她讲出这件事,好像是打算忏悔。她也被自己的行为震惊了。她很清楚,和女朋友提分手是儿子自己的责任,但她就是不忍心看着儿子承受痛苦。

父母有时对孩子会有一种愧疚感,所以他们溺爱孩子,来减轻心中的愧疚。有些父母,孩子要什么就会给孩子买什么,从来不要求孩子做家务,帮孩子完成作业,早上叫他们起床,帮他们准备午餐。我不禁想问,有多少父母帮孩子写过大学申请论文?

关于溺爱,你要遵循两点原则:

1. 鼓励孩子独立,不要总是帮孩子做一些他自己可以做的事;
2. 孩子有把握做好的事,就鼓励他自己去完成。

我儿子快到青春期的时候,特别不喜欢打电话。有天他想让一个朋友晚上来找他玩,就让我帮他打电话给他朋友。我对他说:"如果你想要汤米晚上过来跟你玩,你就要自己打电话邀请他。"布莱恩对我的回答非常生气。他说我不是个好妈妈,别人的妈妈一定会帮孩子做这件事。但我仍然没有动摇,我告诉他,我可以扮演汤米,和他演练一下电话里的对话,这就是我能给他的帮助。我认为这可以让他打电话不那么紧张。但是布莱恩却说这是个愚蠢的主意,然后一脸嫌弃地走开了。

几天后,布莱恩跟我说:"妈妈,我准备好了,这就给汤米打电话。"然后

他给汤米打了电话，邀请他晚上到家里来。通过这通电话，布莱恩受益颇多。他学到只有采取行动，才能把事情办成。自己打电话这件事让他得到一种满足感，而这种满足感让他觉得自己有能力做这件事。他和朋友度过了一个开心的晚上。他学会面对并且克服自己的恐惧。父母要克制自己对孩子的溺爱，孩子才有机会越来越自信，才能学会承担责任。

民主型家教

专制型家教总有太多严苛的规矩；纵容型家教又太多放纵孩子；而民主型家教则是让孩子在一定约束范围内享有自由。其潜在的核心原则是，父母和孩子是平等的，都享有受到尊重的权利。在一个民主的家庭里，所有成员都有权表达自己的想法和感受，并且倾听别人的看法。但这并不是说孩子可以想做什么就做什么，也不是说他们可以不听从、不尊重父母。"在一个民主体制里，你可以表达你的观点，但并不能随心所欲。"

在一个民主家庭里，每位成员都享有平等的尊严，但却有不平等的权威。父母总是占据着领导地位。当父母展现领导风范时，孩子才能有安全感。在英语中，"纪律"一词源于拉丁语，本意为追随者。父母是一家之中的带头人，而孩子就是他们的追随者。孩子需要受到纪律的约束，才能够学习和成长。父母的责任则是为孩子创造一个这样的学习环境。

在一个案例中，孩子总是央求父母养一只小狗。但是父母拒绝了，因为他们照顾一只宠物会遇到许多困难，而他们从蜜月结束以后就不愿再给自己找这种麻烦。可是同时，他们愿意倾听孩子想养一条小狗的愿望。

在一次家庭会议中，父母说养宠物有很多责任，他们对此有一些担心。当所有家庭成员表达过自己的意见后，他们决定领养一条宠物狗。通过领养机构领养宠物，在正式收养前，会有一段时间的试养期。通过这种方式，父母可以观察，孩子如愿有了宠物之后，是不是能坚持尽责地照顾宠物。如果不行，父母还可以把宠物还给领养机构。

在试养期间，孩子做的事情，父母从不帮忙。在那个月结束的时候，全家重新开会讨论饲养宠物的问题。孩子从来没想到养一条狗需要做那么多事情。这个家庭会议就养不养宠物的问题反复讨论了很久。最终，父亲决定把狗送回领养机构。因为孩子也参与了做出决定的整个过程，所以他没有反对这个决定。对每个人来说，这都是一个很好的学习成长经历。

对于民主型家教，父母总能很敏感地发觉孩子需求的变化。父母意识到孩子需要更多的自由和独立自主。他们知道孩子需要疏远父母，需要家庭给他们更多的空间。父母相信，即使现在孩子想要远离，但未来终究还是会回归家庭。

在《培养优秀的孩子》(*Raising Good Chidren*)一书中，托马斯·李考纳给父母提了一个完美的建议：

> 当你在行使父母的权力时，让孩子知道，你理解他们想变得更加独立的愿望，并且会尽可能满足他们的愿望。1978年，波士顿大学的一项研究发现，对于孩子想要更独立自主的愿望，如果父母表示认可，那么孩子反而会更愿意听父母的话。

父母在民主家庭中的任务是制定行为准则，而这个过程往往有孩子的参

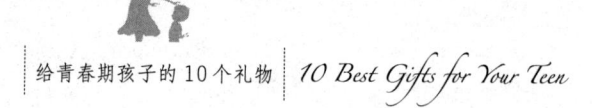

与。然后，父母还要实施这些准则。孩子知道了他们该做什么，心里就会觉得踏实，并且更加信任父母。父母带着对孩子的理解公正地行使领导权力。但很多父母很难承担起如此有权力的角色。就像布拉德利医院的首席心理学专家，罗兰·巴瑞特说过的："我很惊讶，有很多受过高等教育的家长来咨询，希望确认自己有权管教自己的孩子。"

一个父亲曾经抱怨，他女儿很爱看电视。这位父亲向我们求助："我能做些什么？"我们反问他："是什么原因，阻止你关掉家里的电视？"然后我们告诉他："你是家长，你该拿出父母的威严，让女儿关掉电视。"在家里，重新建立起父母的影响力十分重要。如果父母没有威严，那么家里将会变得一团糟，不利于孩子成长。

民主的父母是很好的倾听者。他们愿意倾听，并且尊重孩子所说的话。他们尊重孩子的感受、观点、需要、期望、参与。

在民主型家教中，父母会利用训导而不是惩罚。惩罚是为了给另一个人施加痛苦，进而约束他的行为。而训导是教孩子培养自主能力——为自己的选择负责，具有自制力，从自己的行为后果中吸取教训。训导强调对自己的行为负责。如果你犯了错，就有责任采取必要的行动来弥补错误。

民主的父母不介意拒绝孩子，也乐意给孩子立一些规矩，即使孩子会抱怨，会跟他们讨价还价。心理学家罗兰·巴瑞特这么说：

> 有时父母认为，如果孩子喜欢他们，他们不自觉就会愿意满足孩子的愿望。这些父母不明白，父母的角色有时就是需要他们扮演一个狠角色，拒绝孩子的要求，限制孩子的某些行为，并且在孩子对他们发火的

时候，宽容孩子。

通常，让父母拒绝孩子的要求，十分困难。我们不想孩子生我们的气，害怕孩子会不喜欢我们，甚至对我们心怀怨恨。我们担心拒绝孩子会影响亲子关系。有些父母在专制的家庭教育中长大，他们会错误地把限制孩子的行为与专制教育画等号。

你的主要教育风格

以上 3 种教育风格，其中有一种可能就是你的风格，但也有可能，每种风格你都用过。由于情形不同，面对不同的压力，加上其他因素的影响，父母常常改变教育风格。例如，你可能注意到，在孩子小的时候，你更溺爱他，当他到了青春期，你就变得比以前专制了。

许多父母一直采取民主的教育，除非情况紧张。那时，可能是出于担心，他们会变得专制，开始控制孩子。或者当他们受到打击时，可能站在一个宽容的受害者角度，对孩子完全放手，并且抱怨说："噢！这有什么用？反正我也做不了什么。我再也管不了了。"

你要意识到自己最常用的教育风格。在教育孩子的过程中，学会分辨，你什么时候变得专制，什么时候纵容孩子，又什么时候变得民主。注意，你的教育风格可能影响孩子是否成为一个负责任的人。

5种方法教孩子成为具有责任心的人

教孩子承担责任是一个终生的过程。你可以从下面5个方面来培养孩子的责任感。如果孩子还小,可以把这些方法融入孩子的教育中,等他们稍微长大些,再做一些调整。

1. 给孩子多一些选择;

2. 帮孩子设定目标;

3. 让孩子承担家庭中的责任;

4. 定期开家庭会议;

5. 通过负责任的行为,给孩子做榜样。

给孩子多一些选择

给孩子一些选择,并且让她为自己的选择负责。记住:

选择 + 结果 = 责任感

孩子可以选择跟谁做朋友,选择穿什么衣服,选择怎样装饰她的房间,你要让她对自己的选择负起责任。给他选择权的一个绝妙方法,就是给她钱让他自己买衣服,这样他可以练习如何支配资金。每3个月,给他一笔买衣服的钱。让他自己决定如何使用这笔资金。他可能去买一件非常贵的衣服,也可能为了多买几件而去买一些打折的衣服。你只要记得给他选择的自由,并且让他自己承担结果。如果他把钱花光了，那么这3个月内，不要再给他额外的钱了。如果孩子做了糟糕的选择，不要羞辱他，也不要教育他。选择的结果能教会他许多。

帮孩子设定目标

教孩子成为有责任感的人，另一个方法就是鼓励他设定个人目标，并努力实现目标。跟孩子聊聊，他想完成什么事情。帮助他设定学业上的目标，学业外的目标以及个人目标。在孩子七八年级的时候，你就可以开始和孩子聊聊未来想上哪所大学，想做什么工作。

达成一个目标，就会带来一种满足感和自豪感。一个二年级的女生平时弹电吉他。她想让父母给她买一把更贵的吉他，但是父母坚持让她自己存钱去买。她存了8个月的钱。当她马上就要攒够钱的时候，父母为了奖励她，给了她100美元，正好凑够了买吉他的钱。当她买了新吉他带回家时，感到十分骄傲。她说，这把吉他是她自己花钱买的，她一定会更加珍惜它，更好地爱护它。达成了自己的目标，让她得到了巨大的满足。

帮助孩子设定学业目标或者事业目标。你可以和孩子聊聊，他们今天的选择会对未来造成什么影响。教孩子对自己的学习负责。作业和成绩就是他们的责任。有时，身为父母，我们对孩子的学习成绩过度投资。在孩子小学和中学的时候，我们可以教他们良好的学习习惯，时间管理技巧和组织能力；当他们长大一点后，孩子会承担更多课业的责任；等他们上了高中，他们的学习就基本脱离了父母的掌控。

如果你发现，读高中的孩子对功课没有那么努力了，可以参考我们提供

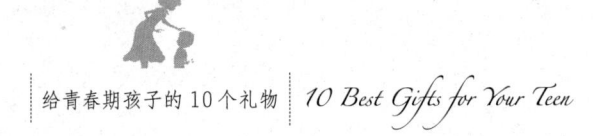

的以下建议：

- 制定每天固定的学习时间表；
- 到了学习的时间，孩子就该去做作业或读书，在学习时间内，关掉收音机、电视和视频，如果需要用电脑，那么只能用来写作业；
- 找孩子的每个老师聊聊他的进步，记得让孩子也参与你们的交流；
- 问老师今天都布置了什么作业，学习时间结束以后，检查孩子是否完成了作业；
- 定期检查孩子的学习成绩；
- 告诉孩子，这个监督机制会一直持续到下次考试。如果下次分数达到了家长和老师的要求，那么对他的监督就不会像现在这么严，如果没有进步，那么这个学习制度就会持续到下一次考试；

一些孩子需要这样的监督制度。不幸的是，有些孩子即使受到父母的监督，依然无法取得好的成绩。

让孩子承担家庭中的责任

想要教孩子成为一个负责任的人，还有一个方法，给孩子分配一些家务，让他承担家庭中的一些责任。把需要做的家务列成一个单子，家庭成员按照单子轮流做家务。修剪草坪、给草坪浇水、做饭、洗衣服、收拾餐桌、除尘、打扫房间、照看婴儿、照料宠物——所有家庭成员都应该共同分担这些责任。

对孩子来说，家务可能不是那么重要。你可能需要提醒他去做他应该做的事儿。这种提醒很像在给孩子帮忙，所以当你这么做的时候，一定要掌握好分寸。好像只是让孩子做家务，并不值得你如此大费周章。但是，只要能培养孩子的责任心，这点麻烦还是很值得的。

定期开家庭会议

家庭会议是孩子学习解决问题，头脑风暴，解决争端，团队建设和愤怒管理的好时机。家庭会议可以提升这些重要的生存技能。家庭会议要营造一种氛围，每个成员在会议中都是被重视、被尊重的。它使每个成员都有机会发表看法，表达对其他家庭成员的好感，鼓励其他家庭成员，表达担忧和抱怨，帮助解决矛盾，处理重复出现的问题。

父母和孩子，可以借家庭会议的机会，就全家共同的事情，发表自己的意见，例如，家务、家庭度假、睡觉时间、兄弟姐妹之间的争吵、家庭规则和饮食问题。

关于家庭会议，我们提供以下指导原则：

- 确定一个固定的日期和时间，举行家庭会议；
- 确定家庭会议的时长，半小时，时间长度刚刚好；
- 遵守已经确定的会议时长；
- 家庭成员轮流主持会议，使每个人都有机会锻炼一下领导技巧；
- 指派一名成员记录会议内容；
- 邀请全家人一起贡献想法，制定议程；
- 当讨论议程上的事项时，请儿童和青少年先发言；
- 家庭会议中，可以讨论如下问题：确定家务的责任划分，计划家庭娱乐活动，解决家庭争端，讨论涉及全家人的决定；
- 应用有效的沟通技巧；

- 不带偏见地听别人讲话，发表意见时态度坚定（但不要指责别人）；
- 对会议做出评价，在会议的结尾，询问家庭成员对此次会议的看法以及对今后会议的建议；
- 回顾上次家庭会议中达成一致的决定，在新的会议开始前，上次家庭会议中做出的决定一直有效，而在新会议中，需要重新评估，上次的决定是否继续有效。

家庭会议是讨论家庭争端、解决问题的好机会。当全家共同努力解决问题时，问题自然而然就解决了。有很多次当我们讨论一些家庭矛盾时，虽然没能找到各方都满意的解决办法，但是我们发现，通过坦诚地交流，矛盾变得缓和了。

通过负责任的行为，给孩子做榜样

教孩子承担责任的最行之有效的办法就是以身作则。多项研究显示，93%的沟通都是非言语沟通。孩子会观察并且效仿我们的行为。身为父母，我们想让孩子长大后成为什么样的人，自己就要首先成为那样的人，这是对我们最严峻的考验。孩子看到我们做事负责，也会学着负起责任。

许多方法可以教孩子具有责任心。我们鼓励父母采用民主的家庭教育方式：训导，而不是惩罚；让孩子承担责任，而不是溺爱他，帮他解决困难。父母指引孩子成为一个有责任心的人，这就是我们送给孩子的一个美好的礼物。

第 6 个礼物

决心

10 Best Gifts for Your Teen

给青春期孩子的10个礼物

　　态度坚定的家庭教育意味着对自己和孩子说一不二，坚持不懈，目标明确。这是一个终生的任务。只有我们更清楚地了解自己，才能去了解孩子。

抚养孩子有时候充满欢乐，有时又像是在打游击战。

——爱德华·阿斯纳

在过去26年的高中教学生涯中，我始终坚持一条简单的原则：按时上课。如果你没有在上课铃响之前进入教室，无论你是晚了2秒还是20分钟，你都迟到了，那么你就得去教导处。

两年前，在我执教的"婚姻与家庭"课堂上，一个高年级学生在上课铃响后30秒才冲进教室。按照我的习惯，我让他去教导处记一次迟到。他满眼恳求地对我说："萨索老师，放过我这次吧，就这一次。"

我坚决地回答他："我不能纵容你，约翰。如果我今天放你一马，那么明天就会有两个人让我放他们一马。他们会说'你昨天饶了约翰，今天也放过我们吧'。后天，就会有4个人这么做。然后就会有10个。所以，你看，我不能纵容你。"

全班一起声援那个迟到的学生。他们异口同声地跟我保证："萨索老师，我们保证，我们不会那么做。"

那天我也不知道我怎么了，我不知道为什么我妥协了。我只听到自己说："好吧。去坐下吧。"

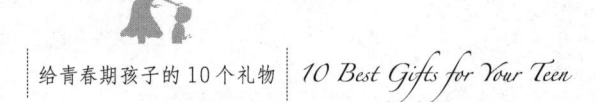

第二天，上课几分钟后，一个睡眼蒙眬的学生出现在教室门口。我对他说："去教导处，记迟到吧。"

"但是……，萨索老师，你昨天放了他一马……"我立马打断了他的说辞。

"我就知道会发生这种事，"我大声说道，"我就知道你们会这么说。现在出去，去教导处登记迟到。"我身体里每个细胞都在怒吼。我十分恼火，因为这个学生没有遵守他的承诺。而我之前居然没有坚持我一贯的做法，这让我自己很气恼。

教室后面，有个人立刻举起手。

"你怎么了？"我问他。

"萨索老师，"那个学生故作无辜地说，"你没必要生任何人的气，除了你自己。"

教室里鸦雀无声，让人很不舒服。

他说得没错。这才是让我更加生气的原因：这是我的错，是我没有坚持长久以来坚持的原则。学生的行为是我早就知道的——他们会挑战规则。我与青少年打了这么多年交道，清楚地知道有人会试着迟到。他们在利用我的不坚持，他们在试探我的决心。从那以后，直到今天，我再没让一个学生打破我的原则。

第6个帮助建立良好亲子关系的礼物就是你的决心。决心意味着带着明确的目标教育孩子，始终如一，说话算话。决心包括坚持自己的价值观点，设立明确的规则，如果孩子违反规则，就要坚持让孩子承担后果。

多数家长都会犯一个共同的错误，那就是没有坚持到底。灵活性与前后不一致是两个不同的概念。灵活的家长，能够随机应变，性情温和，能屈能伸。而前后不一致的家长，则是不可靠的。举个例子，如果家长命令孩子做什么事，却没有贯彻执行自己的命令，那么家长的话就是不可信的。通常，父母这么做的时候，丝毫没有意识到问题。

我们常听孩子这么说：

> 我爸妈跟我说，如果我再很晚回家，就罚我一个月不能出去玩。而当我回家晚的时候，他们会对我大喊大叫，但并不会真的罚我一个月。他们会罚我一两天不出门，然后他们就忘了这件事。两三天后，他们还是会允许我和朋友出去玩。

从这件事中，孩子明白原来父母的话并不会当真。所以，说话算数很重要。你不仅要信守做出的承诺，还要兑现你之前要孩子承担的后果。如果你向孩子承诺，今年夏天全家会去夏威夷度假，那么就别反悔。如果你不确定能不能带全家去旅行，那么就不要承诺。

让孩子知道我们信守承诺，这对于有效的家庭教育来说，十分重要。这会让我们彼此信任。孩子会认为父母是靠谱的，可以放心地信赖。几个星期前，我跟女儿米哈伊拉说，我们父女可以找个时间一起出去玩。我们本来计划一起去看电影，然后去吃晚餐。那天早上我有一个会议，我告诉女儿，我会在 11 点钟准时回来接她。

10 点半的时候，我意识到我得结束会议了。我在 10 点 55 分的时候赶到家里。米哈伊拉正热切期待着我们即将共同度过的一天。她眼睛里闪着光，

声音透出兴奋,我就知道她一直期待着我兑现承诺。而我兑现了承诺,让她知道她可以信任我。同时,我也给她做了一个榜样,当下次她对我许诺时,我也希望她能够完成她的承诺。这一点很重要,尤其是在她开始学习开车以及开始和男朋友约会的时候。那时,我们早已有了互相信任的基础。

态度坚定的家庭教育有 6 个原则

态度坚定的家庭教育,具有 6 个原则。这 6 个原则相互联系。

1. 分享并实践你的价值观;
2. 为孩子划定明确地行为界限,确保孩子的安全;
3. 利用自然或逻辑后果;
4. 言行一致,坚持到底;
5. 从错误中学习;
6. 建立家庭帮助体系。

分享并实践你的价值观

在态度坚定的家庭教育中,第 1 条原则,就是分享并践行自己的人生价值观。父母需要清楚自己的价值观,并且明确地给孩子传达自己的价值观。一些父母自己都不确定自己的价值观是什么,尤其是涉及一些重要事项的时候,比如孩子的酗酒问题和婚前性行为问题。

在 20 世纪 50 年代的时候,人们普遍接受了某些文化价值观,比如周日到教堂礼拜、尊敬长者、拒绝婚前性行为。经历了六七十年代的性革命,和七八十年代的解放运动，人们的价值观早已不像从前那样一致。拉尔夫·卢腾博在他的著作《如何抚养"00后"》(How To Bring Up 2000 Teenagers)中这么写道：

> 事实上，如今青春期的孩子和上一代人也没什么区别。但是，他们生活在不同的时代，在这里，连他们的长辈都不确信自己的信仰。如果家长能明确自己的价值观，孩子也会更加确信他们的价值观。

在态度坚定的家庭教育中，第1个任务，就是明确我们自己的价值观。1998年6月15日出版的《时代》杂志，封面文章探讨了青少年的性问题，我们在后面读到了这样的评论，倍感震惊：

> 许多家长遇到了一个问题，那就是他们不太确定自己对于青少年性行为的看法。艾伦·古特马赫协会是一家非营利的生殖健康研究机构。该机构做的一项调查显示，三分之一的家长认为青春期的性行为是不正确的，而大多数家长接受青少年发生性行为，并且他们认为在某些条件下，这是正常且有益健康的行为。

我们和数百位父母交流过这一问题，就我们看来，认为青春期性行为对孩子有害的家长远多于三分之一。为什么古特马赫协会的数据跟我们不一致呢？是不是真的有很多家长对青少年性行为听之任之？父母要知道，与20年前相比，如今青春期的性行为可能会给孩子造成更大的身体和精神伤害。坐

落于美国得克萨斯州的性健康医学研究所，在1995年和1997年发表的研究报告显示了如下数据：

- 在过去35年间，经性行为传播的主要流行病开始发展蔓延。在20世纪60年代，梅毒和淋病还只是普通性病，且青霉素对其疗效不错。
- 当今，每年有超过20种性传播流行病，感染约1 200万人。
- 据估计，年龄在15—55岁的美国人中，有五分之一感染了无法治愈的病毒性性传播疾病，这还不包括具有较高感染概率的细菌性疾病，像衣原体感染和淋病。
- 悲剧的是，感染无法治愈的病毒性性传播疾病的人群中，60%是在25岁之前染病的。
- 目前，在青少年人群中，未婚先孕和感染性传播疾病的现象越来越普遍，这是史无前例的。
- 在美国，所有的性传播疾病，约有20%的病种已经波及青少年。
- 每年四分之一性行为活跃的年轻人会感染一种性传播疾病。
- 艾滋病治疗研究的新进展让我们忽略了两个事实。（1）艾滋病仍在蔓延；（2）美国年轻人中，感染艾滋病的人数所占比重仍在逐渐升高。
- 在年轻群体中，HIV病毒更多是通过性行为传播。
- 新感染HIV的病例中，有一半是年龄在25岁以下的年轻人。
- 在15—24岁的死亡案例中，艾滋病是第6大致命杀手。
- 根据目前的形式，平均每天每小时都有两个年轻人感染HIV病毒。
- 由于性伴侣较多，且未坚持采取安全防护措施，大学生正面临HIV感染的高危风险。

这些统计数据令人心惊胆战，父母因此担心也理所应当。对如今的青少年来说，发生性行为就像玩俄罗斯轮盘一样。我们必须足够坚定，鼓足勇气跟孩子说："我们希望你不参与婚前性行为。"然后告诉他们自己的理由。通过过早性行为相关的事实依据，我们了解了实际情况，也用来教育我们的孩子。然后，我们需要明确地表达自己的观点以及对他们的期望。

许多高中生告诉我们："父母说的话并不起作用。青少年做事情还是随心所欲。如果他们想发生性行为，父母说什么也阻止不了他们。"我们不同意这种说法。父母对青少年的行为有着很大的影响力。通过言语和行动，父母可以支持孩子不参与婚前性行为。父母可以就性行为的问题，跟孩子表达自己的观点和对他们的期望。并且在家中订立规则，避免孩子过早地发生性行为。

我们并不是说，因为你就婚前性行为跟孩子明确了你的观点和期望，孩子就会按你想的做。而是说，与这么做的家庭相比，没有父母的教育和期望，孩子更有可能在青春期发生性行为。在表达观点的同时，你给了孩子更多的支持，让他可以抵抗当下不好的社会风气，从而不在这么小的年纪发生性行为。

一些父母制定了具体的约束措施和家庭准则，来维护和加强自己给孩子灌输的价值观：不要在青春期发生性行为。这些准则包括：

- 父母不在家的时候，朋友不能到家里来做客；
- 如果父母周末外出，家里一定要有一个成年人来照看孩子或者孩子必须待在父母的朋友家里；
- 不论任何时候，异性朋友都不能进入卧室（或者，有异性朋友在卧室的时候，卧室的门必须开着）；

- 不能和跟你年龄差两岁以上的人约会；
- 在约会之前，父母需要首先见见你的男／女朋友，和他／她聊一聊。

除了灌输性行为方面的价值观外，我们还需要就喝酒的问题跟孩子传达一下我们对他们的期望。谁也无法保证，孩子一定不会辜负你的期望，但是他一定可以从父母的期望中获得一些支持。

青春期的孩子往往认为我们的话没什么用，所以置之不理。他们可能会说"管好你自己吧"或者"别干涉我的生活"。他们似乎会忽略所有我们说过的话。但是，我们说的话依然对他们有影响。

很多父母告诉我们，他们对孩子灌输的价值观对孩子的生活产生了积极的影响。在这些父母的反馈中，有一位母亲的故事最为典型。在女儿16岁的时候，这个母亲就告诉孩子饮酒的危害。这位母亲还告诉女儿，希望她参加聚会时或者有朋友端酒给她时，她可以勇敢且坚定地拒绝。女儿似乎并没有重视母亲的话。

后来女儿23岁的时候，回家看母亲。聊天时，谈到了她的青春期以及那时候参加的几个聚会。女儿告诉母亲："我在聚会上时，有人给我递了杯酒，我就想起你说的话。你的话给了我勇气，让我拒绝了递过来的酒杯。虽然我之前没说过这些，但幸亏你跟我说过喝酒的坏处，我才能在要不要喝酒的问题上做出明智的选择。"

过去，社会文化支撑着家庭向孩子灌输的绝大部分重要价值观，例如尊重，信仰，忠诚，守信。如今，父母在对孩子进行价值观教育的时候，很难获得如当年一样的社会文化支持。所以，明确地向孩子灌输我们的价值观变得更加重要。同样重要的是，我们应该常常和那些与我们价值观相同的人、家庭、朋友、邻居打交道。

为孩子划定明确的行为界限，确保孩子的安全

在态度坚定的家庭教育中，第 2 个原则就是制定明确的规范，限制孩子的行为。虽然孩子不承认，但他确实需要，也想要一些行为限制。行为规范建立了青少年需要的秩序。在他们人生的动荡时期，青少年从中获得安全感。在青少年的生活中，行为规范有 3 个重要作用：

1. 行为规范体现了父母对孩子的关心。没有这些规矩，孩子可能会认为父母并不爱他们或者认为父母不关心他们。

2. 从行为规范中，孩子知道需要抵制什么行为。这能帮助孩子增强意志力和独立性。

3. 当孩子不想做什么事的时候，他们有了很好的理由可以拒绝别人。他们把责任推给父母，来挽回自己在朋友跟前的面子。比如"我真的很想跟你出去玩，但是我爸妈不让。"

父母给孩子设立的大部分规矩，都是为了孩子的安全和幸福着想。这些规矩涉及最晚回家的时间，接触哪些媒体资讯，参与什么社交活动，和朋友一起玩多久。给孩子定下规则（可能这个过程还要参考孩子的意见），然后坚定地执行这些规则。随着孩子长大，变得成熟，再和孩子重新协商这些规则。

我们建议家长给孩子定一些规矩，哪怕很少，但一定要坚持执行。这时，你又要发挥你的智慧，决定在哪些方面给孩子立规矩了。

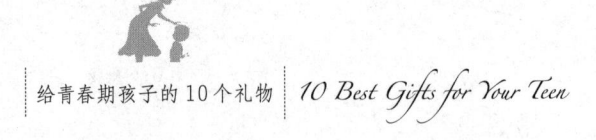

对孩子接触的媒体资讯，做出规定

许多家庭都会限制孩子看什么电影、什么电视节目、上哪些网站、听什么音乐。近日《时代》杂志刊登的一篇文章显示，青少年对于性的了解，最大的信息来源就是媒体。媒体是怎么说性行为的？那没什么大不了。每个人都在做的事情。而且，没有什么不良后果。媒体的论调和绝大多数父母向孩子灌输的性与性行为方面的价值观完全不同。因此，对孩子看到和听到的媒体信息做出限制，十分必要。

许多家长对限制级影片也不是十分了解。不是所有限制级影片都一样。有些会出现露骨的性爱场景，而有些是因为语言粗俗或暴力镜头被认定为限制级影片。对于那些不良影片，你可以禁止孩子观看。孩子的反应会给你带来压力，但是你一定要坚持立场。你女儿可能会跟你说："学校里的同学都看了这个电影。"不要相信她的话。你可能觉得自己是唯一这么做的父母，然而事实上，很多家长都会对孩子能看什么电影、不能看什么电影做出限制。

随着孩子渐渐长大，你可以给他更多的自由，允许他看某些类型的影片。你可以跟他一起看，或者你们先后看完一部电影后，一起讨论。通过这种方式，你们可以就电影中的价值观、传达的信息、微妙的影响力轻松地展开讨论。这么做，长远的目标就是要教孩子，当他们看到或者听到媒体上的信息时，进行批判性思考。

挑战规则

尽管青少年需要，甚至可能想要父母给他们设定规则，但他们往往会挑战这些规则。如果你规定他必须在半夜12点前回家，那么孩子可能会在12点半才到家。如果你允许他带两个朋友在家中留宿，那么他可能邀请了4个朋友留宿。如果你让他自己给车子买保险，他会坚持让你替他付一半钱。

你可以预料到，孩子一定会挑战规则，测试你的决心。有一年，我在暑期学校给一群八年级的学生上课。一个学生上课时戴了顶芝加哥公牛的帽子。我让他摘了帽子。他也听了话，把帽子摘了。第2天上课的时候，他又忘了摘掉帽子。于是我对他说："如果你明天仍然忘记拿掉帽子，那么我会没收你的帽子，到暑期学校结束再还给你。"第3天，我注意到，他仍然戴着鸭舌帽，对我微笑。于是我没收了帽子，并且告诉他，暑期学校结束时会把帽子还给他。下课后，他问我是不是可以要回自己的帽子。我说："暑期学校结束的时候，也就是7月26号，你就能拿回帽子了。"

第4天，这个学生又在下课后找到我，问："我可以拿回帽子吗？"

我向他保证："暑期学校结束的时候，你就可以拿回帽子。"

再后来一天，他还来问我要帽子。

我的回答还是一样。"你再多问一次也是一样，我会替你保管着一直到暑期学校结束。"7月26号的时候，他终于再次戴上了他的芝加哥公牛鸭舌帽。

所以，当孩子挑战规则时，不用惊讶。

利用自然或逻辑后果

在态度坚定的家庭教育中，第3个原则是明确违反规则后所需承担的后果。这里的后果不是惩罚，惩罚往往与孩子的错误行为没什么联系。而后果则是自然而然的或者是合情合理的。

自然后果是指，违反事件的自然秩序所带来的后果。孩子的行为本身就会带来不愉快的结果，所以父母没必要再施加别的惩罚。如果你没赶上去

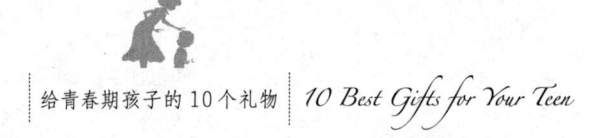

达拉斯的飞机，不需要飞机场的工作人员跟你讲准时的重要性。你错过了飞机，耽误了去达拉斯的事情，这就是你没有做好安排，拖延时间的自然后果。

自然后果也可以是正面的。如果你参加体育锻炼、饮食均衡，那么自然结果就是健康的体魄。但是，在本书的讨论中，我们说的自然后果是指负面的结果。

如果你的孩子在课堂上有不当的行为，放学后被老师留在学校就是自然后果。他不需要你再对他进行说教或者施加其他的惩罚。如果女儿的房间像刚刮过飓风一样乱糟糟的，保持冷静。在一片混乱中，她找不到车钥匙就是自然后果。这个后果可能让她体会到整理房间的好处。或者她仍然甘愿生活在乱糟糟的房间中，整天因为找不到东西而苦恼。记住，当她找不到钥匙的时候，不要把备用钥匙给她。但是，如果她找不到钥匙这件事影响了其他人，那么或许你就不得不强制她承受后果。

合乎逻辑的后果是指与违反规则直接相关联的后果。合乎逻辑的后果是合理的，而不是多余的。这是对青少年的尊重，保全了他的个人尊严。一个孩子写道："让孩子承担后果，就是把他当作成年人一样看待。"

明智的家长会在制定规矩的同时，就明确违反规则的后果。举个例子，当规定了孩子最晚回家的时间后，就要和孩子就违反规定所需承担的合理后果。"你得在 12 点半之前到家。记住，我们之前就商量好了，如果你回来晚了，也没有给家里打电话，那么下个周末，你就不能外出了。"如果孩子真的回来晚了，不要对他生气，也不用说教。只要让他承担已经达成一致的后果就好了。

施加惩罚与让孩子承担合理处罚是有区别的。惩罚往往和孩子的错误行为没什么关联。比如,"年轻人,如果你再顶一次嘴,你可能接下来一个月都不能打电话了。"这是在对孩子的无礼行为施加惩罚。不能打电话这种惩罚跟对妈妈没有礼貌的行为完全没有关联。它们是毫无关系的两件事。

而让孩子承担合理处罚的父母可能会说:

> 你的话让我感到伤心,难过。你对我没有礼貌是不对的。你得写一封道歉信给我。你写好道歉信,才可以给朋友打电话。

孩子之间起了争吵,互相谩骂。你让他们停下来,但没人理你。你决定没收他们的电子游戏机。这就是惩罚,因为这种结果跟孩子的行为没有关系。如果他们是因为谁来玩这个游戏机而吵架,那么没收游戏机就是让他们承担合理的后果。

解决兄弟姐妹之间的争吵,最好的回应就是提醒孩子互相尊重。如果争吵仍在继续,就把他们各自分开,单独待一会儿。

自然后果与合理后果并不总是那么明确。有时,针对孩子的错误行为,你很难想到一个合乎逻辑的后果。在这种情况下,采取行动的时候,你应该谨记训导的意义。

持续时间越短越好

孩子违反规则后,需承担合理后果,这种后果持续时间越短越好。限制他一天不能使用电话,而不是一周。规定他一个周末不能出去玩,而不是一个月。一个持续时间短的合理后果同样有效,而且父母执行起来更容易。

我年轻时,曾经威胁班上的学生说,如果他们犯了错,放学后就要被留

下来。我会警告他们说："再有人在课堂上说话，放学后，全班就要一起留下来一个小时。"当然，还是有人会说话，于是我不得不在放学后把全班同学留下来。我坐在讲台的桌子后面，假装改作业，其间一直在看表，希望我亲自判的"刑期"早点结束。在惩罚学生的同时，我自己也受到了惩罚。

现在，如果新生班级里有学生犯错，我会说："如果接下来有一个人说话，放学后，全班就要一起留下来一分钟。"学生的反应就好像是我要罚他们留下来一个小时。他们纷纷转向旁边的人，互相提醒不要说话。后来，有人说话了，我就在黑板的一角写了一个大大的"1"，意味着他们放学后要多留一分钟。学生比刚才更努力地想让同学保持安静。

这个故事的寓意是：一分钟和一小时同样有效。无论是让学生留校一分钟，还是一小时，他们的反应都是一样的。可是对我来说，放学后留在学校一两分钟我还可以接受。我也十分不想待一个小时。

当你在向孩子说明违反规则的后果时，可以采取相同的原则。时间越短越好。如果他回家晚了，那么下个周末就不允许他再和朋友出去玩，但不要惩罚他一个月不能和朋友外出。把他卧室里的电话或者CD机没收，只要一两天就好，不用一个星期。把他的车钥匙没收几天，而不是让他接下来一辈子都开不了车。无论是你，还是孩子，都可以承受这样的后果。

为什么一个时间短的处罚和时间长的一样有效呢？这基于孩子看待事情的方式。下周末的舞会，足球赛，青年团体会议，派对——对孩子来说，所有这些时刻一起组成了一个美好时刻。因此，如果15岁的女儿不懂得体谅人、对人无礼、疯疯癫癫，你想接下来一辈子都关她禁闭，那么你只要罚她下周末不能出去玩就可以了，因为对她来说，那好像就是一辈子。

让孩子选择一种后果来承担

把孩子需要承担的后果摆出来，让他自己选择。选择，可以分为两种类型。第 1 种，就是二选一。

- 要么，你就遵守规则，晚上十点半后不打电话；否则，就罚你第二天不能打电话；
- 你可以播放你的立体声音响，但不要打扰家里的其他人；否则，你的音响将会被没收两天。

选择的第 2 种类型，因果类型。

- 你完成作业以后，才可以打电话；
- 你修好了草坪，才可以出去找朋友玩。

有时，孩子犯了错，你很难想到一种合情合理地让孩子承担的后果。你可以和其他家长交流下想法，这会给你提供很大的帮助。什么样的后果有效？什么无效？在设想这些后果时，请发挥你的创造力。一位母亲曾经告诉我们，她女儿总是家务做到一半，就不管了。她唠叨过，也提醒过，但是女儿依然不把家务做完。后来，母亲想出了一种处罚方式。她决定在洗完女儿的衣服后，不帮她晾干。母亲通过这种做事情只做一半的实际行动，让女儿知道不把事情做完会造成什么影响。她女儿领会到了母亲的用意，从此以后都尽力完成分配给她的家务。

有时父母会加倍给孩子处罚。

儿子，你不能这么跟我说话。这一周，你都不能出去玩了。

你不能阻止我，妈妈。不管怎么样，我都要去找我的朋友。

你居然违抗我。那么，接下来两周，你都不能出去玩。

我不听你的。你别想控制我。

你的顶嘴让我无法忍受。这个月，你都别想出去玩了。

过不了多久，事件就升级了，孩子在接下来半年、一年都不能再出去玩了。当你注意到事态正在逐步升级，我们建议父母和孩子都冷静一段时间。等冷静过后，父母可以跟孩子说："儿子，你知道吗？我刚才犯了个错误。我没能控制自己的脾气。你当然不会一年都不能出去玩。我认为你需要承担合理的后果。我们来谈谈刚才发生的事。"在类似的和解中，父母必须主动一些，因为大多数青少年还不够成熟，不会承认自己的错误。

言行一致，坚持到底

在态度坚定的家庭教育中，第 4 个原则就是言行保持一致。当孩子违反规则时，就要让他承担后果。不要说教、唠叨、提醒或者威胁。直接采取行动。如果儿子到家的时候，比你规定的时间晚了 15 分钟，不要跟他讲准时和责任感的重要性，也不要说你对他的行为有多失望。只简单地提醒他，他下周末必须待在家里，不能外出的事实。

你女儿的房间有一部电话。她每天不做作业、不做家务，花好几个小时打电话。你们说好，晚上 10 点以后不能再打电话。可你半夜醒来，却发现她还在打电话。不用跟她讲什么道理，也不需要威胁她。直接把她卧室里的电话拿走。两天后，再还给她。给她一个机会，让她证明自己可以对自己的行为负责。

很多家长爱说一些没用的话，而不去采取行动。我们没有让孩子承担后果，只是不断重复那些老掉牙的话：

- 你怎么能让我们失望呢？
- 跟你说了多少次了……
- 我已经跟你说了 1 000 次了……
- 如果你仍然表现得像一个小婴儿，那么我们就会把你当作长不大的婴儿对待；
- 你知道这会让妈妈（爸爸）多伤心吗？

这些话根本起不了任何作用。它们既教不了孩子什么道理，也改变不了孩子的行为，只能让孩子感到羞愧，疏远父母。父母以为说了这些话，就可以不处罚孩子。然而，在家庭教育中，明智的父母不会说上面那些话。

态度坚定的家庭教育需要父母在孩子每次违反规则的时候，坚持让孩子承担后果。回想一下，我们在本章开头讲的故事。由于史蒂夫不够坚定，让一个学生逃脱了迟到应该承担的后果。这件事一直让他耿耿于怀。由于他没有坚持自己的主张，孩子得到了错误的信息。H. 史蒂芬·格伦在《成功的抚养孩子》(*Raising Children for Success*)一书中写道："如果我们言行不一致，没有落实我们说过的话，其实是在教孩子忽视我们的话、藐视我们的威信。"因此，孩子需要父母说到做到。

从错误中学习

青少年犯了错，家长总会处罚他们。这会激起孩子内心的怨恨和叛逆。在态度坚定的家庭教育中，第 5 项原则就是从错误中学习。

给青春期孩子的10个礼物　10 Best Gifts for Your Teen

回想一下，孩子上学前，你对孩子的教育。当你让10岁的女儿回到房间冷静一下的时候，你可能会说："回你房间去，想想自己刚才哪里做错了。"这句话会让孩子从消极的角度思考问题。她刚刚犯的错，就是她被赶回自己房间的原因。

如果家长希望孩子从错误中学习，就会说："回你房间去。想想下次该怎么做，才能不出问题。"家长这么说，孩子就会把注意力放在解决问题上。他们会思考，当初自己如何做才能够避免问题的发生，当他们想清楚了，下次再遇到类似的情形时，就能借鉴之前的思考。

约翰斯顿太太是一个单身妈妈，给我们讲了她的一个亲身经历，当她女儿艾米犯了严重的错误时，她怎样帮助艾米从错误中学习。约翰斯顿太太周末打算到城外去，她不想让女儿独自留在家里，就安排艾米去她爸爸那里待一个周末。约翰斯顿太太和她丈夫离婚很多年了。因为艾米，才一直保持着联系。在约翰斯顿太太离开以后，艾米说服爸爸让她回家。她还邀请了两三个关系好的女生晚上到家里来。艾米一开始并不打算开一个派对，也没打算让大家喝酒，她只是想和好朋友有一些私密的时间。

孩子总能知道谁的父母不在家。艾米家里在举行派对的消息传开了。50多个孩子出现在了艾米家中。很多孩子来的时候还带了酒，他们很多人之前就喝过酒。家里来的人，艾米大多都不认识。她很害怕，因为情况完全超出了她的控制。

一个喝醉了的15岁女孩，在车道旁边特别窄的护墙上面走。结果从墙上掉了下来，受了重伤。艾米给警察打了电话，警察来了以后疏散了参加派对的人。本来朋友间单纯的聚会，演变成了一场严重的事故。

约翰斯顿太太一听到派对和女孩受伤的消息就赶回了家里。接着，更坏的消息传来。女孩的父母起诉了约翰斯顿太太。因为女孩是在约翰斯顿太太家里出的事故，所以他们以人身伤害罪指控她。虽然这个受伤的女孩并没有受到邀请，而且在她到约翰斯顿太太家里之前就喝了酒，但这些并不重要。所有的这些麻烦都是因为艾米违背了母亲的要求，没有在母亲外出的时候待在父亲家里。艾米在问题的判断上犯了一个巨大的错误，而这个错误带来的后果远远超出了她的想象。

假设艾米是你的女儿，你会让她承担什么后果？你怎么处理这件事？

约翰斯顿太太希望女儿从这次错误中学习，能够明白她的有些选择需要承担法律上和经济上的后果。她让艾米为自己的选择负责。这个案件的解决过程，艾米必须全程参与。艾米必须帮助母亲填写索赔申请单及其他跟这个案件相关的文件。每次约翰斯顿太太与保险公司业务员开会，和代理律师开会或者涉及法律体系的其他所有会议，她都得参与。由于刚好是夏天，所以艾米不能如约参加犹他州的野外露营。

在随后的几天和几周时间里，约翰斯顿太太和艾米聊了聊。她问艾米："下一次你会怎么做？"约翰斯顿太太帮艾米分析了她的每一个选择以及每个选择会带来什么不幸的后果。"你明白吗？你可能根本无法预测，你的行为到底会带来什么后果。"通过这种方式，她帮助女儿从自身的糟糕行为中学习。

约翰斯顿太太没有再给女儿别的惩罚。这次事件所造成的自然结果已

经给艾米好好地上了一课，而且从这次错误中学到的东西一定会让她终身受益。

建立家庭帮助体系

很多父母在孩子的教育问题上孤立无援。我们工作了一整天，回到家里时已经疲惫不堪，却还要担负起教育孩子的责任。很多时候，我们都感觉孤独，不知所措。因此，在态度坚定的家庭教育中，第 6 项原则就是建立一个家庭帮助体系。去结识你周围的邻居、教堂里一起做礼拜的人、在学校里碰到的家长、老师。学着向他们寻求帮助，当别人遇到孩子的教育问题时，也给他们提供帮助。玛丽·皮弗在她的畅销书《每个人的避风港》（The Shelter of Each Other）中写道：

家庭需要依靠社区，就像玉米需要依赖土壤。人类一开始就会和周围的人分享他们的生活。家庭会分享他们从海里打上来的鱼，用收割来的芦苇搭茅草屋顶，研究星象。人类一直这么互相照顾。

如今，人类历史上，我们第一次感到孤独，好像被切断了和群体的联系。世界改变了，但是我们没有。我们都想要关爱，尊重，好工作和有趣的消遣。我们想要一个适合孩子和朋友生存的安全且鼓舞人心的世界，一个不会毁灭的地球。虽然人类有许多不同，但在绝大多数方面都是相同的。

和社区里的其他家庭取得联系，建立友谊，摆脱孤立无援的困境。当我们和其他家庭成为伙伴的时候，我们自己的家庭问题也会得到改善。

　　态度坚定的家庭教育意味着对自己和孩子说一不二，坚持不懈，目标明确。这是一个终生的任务。只有我们更清楚地了解自己，才能去了解孩子。当我们给孩子灌输价值观、明确行为准则、坚持让孩子承担后果，我们就能够培养孩子成为有责任心、有爱心的成年人。

第 7 个礼物

认可

10 Best Gifts for Your Teen

给青春期孩子的10个礼物

父母认可了孩子,也就是给他内心的力量、勇气和爱,让他去迎接成功。鼓励,让孩子信心倍增;认可,让孩子充满希望。

对待他人时，要把他们当作其本来的模样，这样你就能帮他们成为他们能够成为的人。

——歌德

我们家里的每个人，每天都有需要做的家务。我们每过一周就会互换家务。有一周，我女儿，10岁的米哈伊拉，负责打扫厨房的地板。她打扫完以后，叫我去检查她的成果。

她一脸骄傲地问我："妈妈，你觉得我打扫得怎么样？"

我仔细看了下地板。然后对她说："那边的角落有一点污渍，冰箱下面的地板也有一些脏，再把这两个地方打扫干净就可以了。"

"我不做了。"她大声地喊，然后跑出厨房，回到自己的房间，砰的一声把门关上了。

要和孩子建立起牢固、良好、互相关爱的关系，你所需要的第7个礼物就是对孩子的认可。认可，即尊重孩子的成功、努力、长处。认可，也意味着，在孩子需要家长关注的时候给予孩子重视，并引导孩子在某些领域有所发展。通常人们认为，批评孩子会帮助孩子进步。但不幸的是，通常家长对孩子的批评非但没有帮助孩子取得进步，反而会使孩子感到沮丧、挫败、愤怒。

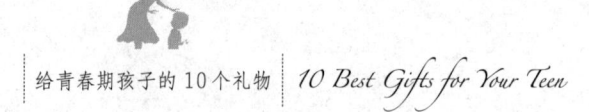

到底有多少次，我们对于孩子完成的任务、成绩，没有给予认可。大部分时候，父母都倾向于指出孩子的错误、不足，哪些方面没有达到父母的期望。在我上述的经历中，我只看到了米哈伊拉没有打扫干净的地方，却没有表扬她做得不错的地方。认可孩子，即以爱的眼光看待孩子的长处、优点，甚至是缺点。

在英文中，"鼓励"一词源于法语单词 coeur，意为心脏、勇气。鼓励一个人，即给他一些勇气。父母认可了孩子，也就是给他内心的力量、勇气和爱，让他去迎接成功。鼓励，就是让人信心倍增。认可，是给孩子希望，对孩子有所助益。你认可了孩子的成功、优点、进步，就是在鼓励孩子。当你注意到孩子的不足，给予他帮助，引导他弥补不足，这也是对孩子的一种鼓励。

回想一下，你看到孩子的成绩单时，通常是什么反应。玛利亚拿着成绩单回家，交给父亲。父亲拿着成绩单，仔细看了好一阵子。他嗯了两声，然后沉默了很久。打破沉默的第一句话居然是指出她最差的一门成绩："你这门课怎么得了 C⁻？"他忽略了一个事实，玛利亚还有 3 门课得了 B，1 门课得了 A。

认可，既是鼓励，也是引导：

成绩不错，玛利亚。我为你感到骄傲。我看到你有一门课得了 A，3 门课得了 B，祝贺你。你能取得这样的成绩是因为你的努力。但我们还得谈谈这个 C⁻。这是怎么回事？接下来你打算怎么做，来提高这门课的成绩？

预言的自我应验

有些父母认为指出孩子的错误可以帮助他们取得成功,但如果我们指出孩子的优点,他们会得到更为持久的成功。不幸的是,很多父母只关注孩子哪里做得不好。如果我们经常谈论负面行为,那么我们很有可能就会碰到负面行为。这就是预言的自我应验。

有天,萨拉和她的父母来到我的办公室,因为她在学校表现很差,父母十分担忧。萨拉发现,父母越多地指出她的错误,她就越是抗拒。他们这种紧张的关系影响了全家人,每个人都不高兴。

萨拉大声地吼道:"每个人都想看我出洋相,所以我根本不想努力。"

父母当然没有这么想,他们怎么会希望萨拉失败?这让父母十分担心。所以他们才来办公室找我咨询。父母担心萨拉的学习成绩,认为成绩不好就该受到批评。他们会跟萨拉说:"我们知道你有能力做得更好。你只是懒,不够努力。如果你按时交作业,成绩会更好。你没有安排好自己的事情,也难怪成绩会不好。"

在心理治疗的过程中,父母开始意识到自己话语的力量,他们的话会给萨拉的成绩以及整个家庭带来什么负面的影响。他们愿意尽量少批评萨拉一些,多关注她的努力。我们还一起探讨了如何提高萨拉的组织能力,养成好的学习习惯。我们一起评估了孩子的教育需要,制订了一个计划,帮她提高组织能力,培养学习习惯,在学业上取得进步。这对父母找萨拉的每个老师都谈了谈,为萨拉量身制订了一个学习计划。除此以外,他们还为萨拉安

排了单独的辅导。之后,萨拉在学习上取得了一些进步,也因为这些进步得到了父母的认可,萨拉对自身和父母的态度都有了好的转变。而父母的态度也朝着积极的一面改变。所有这些改变都意味着未来更和谐的家庭生活。

认可建立了一种积极的期待:"我们希望你在学校有好的表现。我们将尽可能给你提供帮助,使你取得成功。"

积极的言论带来积极的行为

当孩子做了好事,记得给予关注。如果你的孩子对你有礼貌,告诉他,他这么做你心里很高兴。如果你的女儿积极地帮忙做家务,对她做出积极的评价。跟女儿分享一下,你喜欢她的哪些朋友。跟儿子谈一谈,他的哪些行为是负责任的表现。孩子将会尽力达到你的期望。

肯定

青少年和所有人一样,比起负面批评,他们需要多得多的积极言论。我们对一组高中生做了调查,让他们记录下过去一个月,父母对他们的评价,并指出哪些增强了他们的自尊心,哪些损害了自尊心。结果,父母对孩子的负面评价是正面评价的两倍。

学生在听到父母说下面这些话时,会变得自信:

- 干得不错!

- 你真是一个优秀的人，优秀的运动员。
- 未来总有一天你会成为一个杰出的人物。
- 我相信你。
- 我爱你。
- 你真是我的好女儿。
- 我真的很欣赏你这种做事方式。
- 你给你的兄弟姐妹做了一个好榜样。
- 你还有无限潜力。
- 我们信任你。
- 祝贺你。
- 有你在身边很有趣。
- 我们真心为你感到骄傲。
- 你正在进步。
- 别担心，只要尽力就好。
- 我们知道你在学校很努力。
- 我爱你，因为你就是你。

你看到这些评价时，想一下，你还可以说哪些话对孩子表示支持和肯定。每天对家庭成员说一些肯定的话。李·坎特和莫琳·坎特在《果断训练》（Assertive Discipline）一书中谈道"超级表扬"时说，这种认可孩子的方式事半功倍。当一位父亲发现儿子自觉负责地完成了家务，他就对孩子做出了"超级表扬"。他对儿子的付出表示了肯定。并且当妻子下班回家后，父亲当着儿子的面跟妻子赞不绝口："迈克把碗洗了，特别负责。都不用我提醒，自

己就做了。"接着妈妈对迈克的表现提出了表扬："你自觉地完成了分给你的家务,我很欣慰。这说明你越来越有责任感了。"这对父母一同完成了对孩子的"超级表扬"。

表扬 VS 鼓励

表扬和鼓励之间有着重要的区别。表扬是认可孩子的成绩和成功,而鼓励是认可孩子的努力与进步。成功并不会始终伴随着孩子,所以父母需要找机会对孩子付出的努力表示鼓励,这点很重要。

艾希莉要竞选学生会主席,尽管很紧张,她仍然在所有同学面前,做出了精彩的演讲。经过投票表决,艾希莉以微弱差距失败了。她的父母对她特别支持,他们认为女儿因为竞选失败而感到伤心是正常的。他们还鼓励艾希莉说,她有勇气和自信去参加竞选,让他们很骄傲。艾希莉的父母认可了艾希莉所付出的所有努力。

增强自尊心

得到认可是积极自我形象的一个组成部分。如果孩子的才能、天赋、优点得到了认可,那么他们更容易变得自信,更利于建立自尊心。父母通过每天对孩子表达关爱和担心来证明他们对孩子的爱和包容,这会使孩子具有更强的自尊心。这样的孩子也更容易遵从自己的信仰,抵抗来自同龄人的压力。

父母肯定孩子的长处,认可他们付出的努力、取得的进步,表达对孩子的喜爱与爱护，就能映射出孩子积极的一面。我们这么做，培养了孩子健康的自尊心，帮助他们抵抗来自同龄人的巨大诱惑。

认可孩子的 8 种方式

父母认可孩子有很多种方法。本书提供了下面 8 种方法，告诉父母如何认可孩子。

1. 肯定积极的行为；
2. 肯定孩子的品格；
3. 对孩子说"我爱你"；
4. 给孩子写信；
5. 通过肢体接触表达爱意；
6. 信任孩子；
7. 参与孩子的活动；
8. 认可孩子本身的样子。

肯定积极的行为

当你看到孩子愿意合作，提供帮助，考虑周到，请给予他肯定。

- 你能自己收拾好自己的东西，不用我们提醒，我十分欣赏你的表现。
- 看到你和弟弟相处得那么好，真的很棒。
- 保罗，我发现你会先写作业再去玩电脑，这体现了你的自律和责任感。

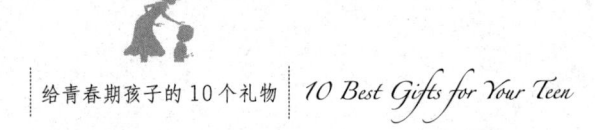

在教书的过程中，我常表扬学生的正面行为。"我十分欣赏你们今天的合作。天气很热，要集中注意力很不容易。我想谢谢你们，跟我一起上完了这节课。现在大概还剩最后5分钟，你们可以小声聊天。"

当我们注意到，儿子和他弟弟相处得很融洽时，我们一定会表扬他。"看到你们一起玩，一起相处，我们真的很高兴。"尽管哥哥可能会嘲讽地回应说："我下次肯定不跟弟弟一起玩了。"但他终究是听到了我们的表扬，这将会对他未来的行为产生积极的影响。

针对已发生的事实，对孩子提出表扬。如果孩子仍处在共同活动的过程中，你就对他们提出认可和肯定，那么你话音一落，就不可避免会引发一场争斗。所以，一定要等到家务做完、游戏或活动结束后，再表扬孩子之间融洽的相处。

肯定孩子的品格

除了认可孩子的成功、努力和合作以外，你还要肯定孩子品格中积极的一面。对孩子提出表扬，最佳的时间点就是临睡前。许多父母晚上都有去帮孩子盖被子的习惯。尤其是在孩子青春期的时候，趁睡前这段时间，和孩子进行一番真诚的对话，会带来神奇的效果。一个人临睡前，更容易接受别人的表扬和关爱。已经有很多父母跟我们说过，他们和孩子之间最愉快的交谈，有些就发生在互道晚安的时候。

告诉孩子，她在你心目中的地位。直接告诉她，在你眼里，她的优点和长处是什么。告诉她，你喜欢她哪一点，对她有什么希望和期待，她出现在你生命里让你感到多么的开心。这并不是一件容易的事，尤其当一天过得并不愉快时，此刻你可能不会因为孩子出现在你的生命中而感到多么开心。请暂时抛却你的负面情绪，想想你内心深处对孩子的爱。你可能会对孩子说：

> 我爱你，珍妮弗。但是我对你今天的表现并不满意。我知道有时我不那么容易相处。有时我们两个简直惊人地相像。你是个好孩子，你做我的女儿让我很骄傲。

一个高中生告诉我们，他父母从来没说过他是他们的骄傲，这让他十分受伤。事实上，孩子需要我们告诉他，我们以他为骄傲，我们相信他。

对孩子说"我爱你"

在这个世界上，对自己年幼的孩子说"我爱你"大概是最自然的事吧。但是，要对青少年这么说并不容易。然而，青少年需要父母对他们表达爱意。当父母对他们说"我爱你"的时候，他们常置之不理，假装这句话对他们不重要，甚至假装并不想父母这么说。但听到父母说他们是特别的、被父母深爱的，孩子内心会感到愉快。

请每天都告诉孩子，你爱他。每天早上，我开车送两个儿子上学，他们下车时，我都会说："我爱你们。"他们最多嗯一声，或者什么反应都没有。不要因为孩子表面的不在意，就不对他们说"我爱你"。事实上，他们每天都需要听到父母说"我爱你"。

父母在言语上表达对孩子的爱，最好是在私下里。尼克下车时，他妈妈忘了对他说"我爱你"。当尼克走出一段距离，到了校园中，妈妈朝他大喊：

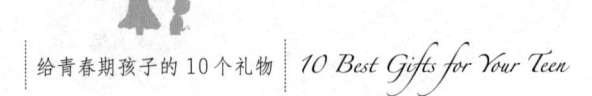

"我爱你，儿子。"尼克周围都是朋友，他当然感到无比尴尬。同学们也因此嘲笑了他很多天。可见，对孩子表达爱意，最好是在私下里。

给孩子写信

你可能觉得当面对孩子说"我爱你"或者直接对孩子提出表扬有些困难。如果你真的是这样，那么不妨换一种方式。你可以给他写一封信，表达你对他的肯定和欣赏。在信中告诉他，你最喜欢他的哪些特点，你认为他有哪些优点和才华。孩子的生日，就是写这封信的最好时机。另外，圣诞节或者其他节日，也很适合给孩子写这样一封信。事实上，给孩子写信，哪一天都没问题。下面这封信是一位继父写给他的继子的，你在给孩子写信时可以参考。

亲爱的本：

我写这封信给你，是给你一个提醒。不是提醒你去做什么事，而是提醒你，你是谁，将来会成为什么样的人。当然，这不只是提醒你，也是给我自己一个提醒。我最近一直在想你准备高考的事情以及你去上大学以后，我们的家会发生什么变化。这让我想到你给我和整个家庭带来的一切。

其中之一就是变化。尽管你并不像我期待的那样改变得很快，但你是一个很有魅力的孩子，而且活力四射。我喜欢看你和小妹妹茉莉安娜一起跳舞。我总是很钦佩你在运动场上的速度。也很欣赏你能和亲戚，我们的朋友，你的同龄人，所有比你小的孩子打成一片。我希望你一生都能如此活泼。

第7个礼物 认可

　　你为这个家庭带来的另一个礼物就是幽默。你长大了,听懂了我的笑话,我不知道怎么跟你说,但我真的如释重负。你的笑声像一个小孩子,十分有感染力。而且,现在你的幽默感也给我们带来了简单的乐趣。

　　你还给了我和全家人许多关爱。你(大多数时候)很关心理解你的兄弟姐妹,不吝啬地表达你对他们的爱。在我们共同的生活中,有很多次,你都在调解关系,治疗别人心灵的创伤,抚慰别人。

　　所以,变化、幽默、关爱,它们都是你的特点,但它们并不是你的全部。我写这些,只是想让你知道,我有多么欣赏你,多么为你骄傲,多么爱你。

　　你是一个特别的年轻人。我知道无论未来你从事什么工作、住在哪儿,你都会给周围人的生活带来一些不同。

　　我希望你知道,你已经给许多人的生活带来了深刻的影响,包括我的生活。我知道,因为有你的存在,我成了一个更好的人。我知道,因为有你的存在,这个世界成为一个更好的地方。

　　我祝愿未来你仍能优雅地勇往直前。我祝福你拥有发自内心的快乐,哪怕是在困难的时候。我希望你仍能给予别人关爱,并得到别人对你的爱。

　　同时,就我而言,我承诺我会继续骄傲地出现在你的圈子里,继续开心地与你一同大笑,继续无条件地爱你。

　　我爱你,本。

保罗

通过肢体接触表达爱意

给予孩子肯定,还有另外一种方式,那就是肢体接触。表达欣赏时,给他一个拥抱,张开双臂环抱他的双肩,轻拍他的后背。即使孩子长大了,也仍然需要亲昵的身体接触。记得,大多数青少年都不喜欢在公共场合和父母有亲昵的举动,那会让孩子感到尴尬,所以请尊重孩子的想法。请在合适的时机,表达你对孩子的喜欢和爱。

信任孩子

告诉孩子,你相信他有能力做出正确的选择,做出负责任的决定,挑选优秀的朋友。"迈克尔,我们知道你头脑聪明,而且过去的事实证明,你有能力做出正确的选择。我们相信,在毕业舞会上,你同样能为自己做出明智的决定。"

参与孩子的活动

认可孩子的另一种方式,就是参与孩子的活动。参加他们的足球比赛、音乐会、话剧、辩论比赛、排球比赛、游泳运动会。父母抽出时间参与这些活动对孩子来说十分重要。一个青少年曾给我们写信说:"父母出现在我参加的活动现场,就是对我的支持。任何人都可以说'做得不错。我为你骄傲'。但专门为了我出现在现场,意义更加不同。"

认可孩子本身的样子

你能为孩子做许多重要的事情，其中一件，就是认可他，因为他就是他，而不是因为他是你希望的模样。对有些父母来说，这特别困难。他们对孩子抱有特别高的期望，有时却并没有意识到孩子完全没有准备好去达到他们的要求。例如，有些父亲希望孩子擅长体育运动，尽管孩子对体育运动并不感兴趣。再比如，有些母亲把自己的想法强加给女儿，希望女儿能和学校里受欢迎的男生约会，成为啦啦队队长。一位母亲甚至为了让女儿更受男生欢迎，而说服还在上初中的女儿去隆胸。

作为父母，可能有些困难的就是接受孩子本身的样子，他有独特的优点和弱点。尽管我们支持孩子在学业、体育、音乐、话剧及其他活动方面尽力做出优异表现，但我们并不是要他们变成另一个人。这两者的关键差别在于，一个是较高的期望，一个是不切实际的幻想。较高的期待是对青少年的支持，而不切实际的幻想则是对他们的伤害。

勒罗伊·阿伦斯在《天佑鲍比》(*Prayers for Bobby*)这部作品中写过一个极端的例子，就是有关不切实际的幻想。鲍比是一个美国男孩，他的朋友和同龄人都非常喜欢他。然而，他的父母却不能完全接受他，因为他是一名同性恋。无论是他的家人还是他的信仰都向他灌输一种观念，即同性恋是不对的。而这种观念根深蒂固。后来在8月的一个晚上，鲍比因无法承受压力而选择了自杀。

生命是上天给予的珍贵礼物。鲍比的自杀毫无意义，这场悲剧原本可以避免。爱一个人并不代表我们认同他的行为，而是说我们理解他的世界。

克里斯和鲍比有着完全不同的经历，他勇敢地承认自己的性取向，而他的同学也对他表示理解。

然后他决定把这个秘密告诉父母。他的爸爸听到后，很担心他但并没有反对。爸爸害怕儿子的性取向会受到讥讽和嘲笑。同时，他也担心"恐同"群体会威胁儿子的人身安全。这位父亲问了儿子一些问题，帮助儿子认清他所面对的现实。

对大多数父母来说，处理同性恋事情十分棘手。虽然他们想爱护支持自己的孩子，但他们必须要处理好自己常常出现的复杂情绪，既有失望、震惊、生气、伤心、失落、挫败，又有爱、关心、保护、支持。

承认自己的性取向不是件容易的事，但父母让克里斯知道，他们会永远爱他、接受他。

青少年并不完美。事实上，他们的很多特点都很可能给你带来烦恼，他们的很多行为都很可能让你抓狂。他们会变得刻薄，对人不友好，伤害他人。他们会让你失望。在孩子的青春期，你身处在一片迷惑与混乱之中，请记得孩子是上帝给予的礼物，你要爱护他；看到孩子的优点，并表现出你对他的认可；认同他的善良机灵、关心，肯定他积极的一面。当你这么做的时候，你就会发现你所反映并发现的东西都体现在孩子身上。你的儿子或女儿长大后，将成为一个有爱心、受欢迎、优秀的人。

第 8 个礼物

和解

10 Best Gifts for Your Teen

给青春期孩子的10个礼物

　　和解是最重要的礼物之一，因为它融合了所有其他礼物的特点。它需要尊重，示弱，诚实，责任，自律和勇气，它对建立互相信任、互相关爱的亲子关系十分重要。

如果家庭中和睦融洽，那么国家也会井然有序；如果国家井然有序，那么世界就会和平。

——中国谚语

当老师的第 2 年，我对一个捣蛋的学生说了一些伤人、粗鲁的话。那种情绪的爆发让我不太好过。幸好纠正自己的行为对我来说并不困难。那天晚上，经过我的反思，我决定向她道歉。第二天到学校，我公开和她和解。因为我前一天让她在全班同学面前很没面子，所以我决定当着全部同学的面跟她道歉。我感觉这么做是对的。

后来在那一学年结束的时候，我收到了那个学生写的一个纸条：

很少有老师像您一样当着全班同学的面和我道歉。我不仅不会不尊敬您，相反，我对您更加敬重。您能那么做，可见您一定是一个强大的人。

当我改正自己的错误时，从来没想过自己的行为会如此影响学生。从那时起，我意识到承认错误和道歉有着强大的力量。

本书提供的第 8 个礼物就是和解，它将在父母和孩子间建立起美妙的关系。在英文中，"和解"一词源于拉丁文 reconcilio，直译过来就是"继续一起走"。当我们或孩子的行为损害了我们之间的关系，我们就有了隔阂。和解允许我们修复关系，重新走到一起。承认错误是和解的一部分。和解既包括恳求别人原谅你所犯的错，也包括原谅别人的错误。

这个世界上所有伟大的宗教，长久以来，都认为人类有达成深层和解的必要。和解是精神重生的神圣仪式，它承认所有人都不是完美的，所有人都需要修正自己的错误。人类需要感受到爱，需要和别人打交道，和解正满足了人类的这种需要。

没有人是完美的

每个人都会犯错。拒绝承认自己的错误，你就很难和孩子建立起良好的亲子关系。在承认错误、寻求谅解的行为中，你做了 3 件事：

1. 修复受损的关系；
2. 给孩子树立了承认错误、寻求谅解的榜样；
3. 给孩子机会，让他学会原谅别人。

这个世界上没有完美的人，当然也没有完美的父母。有时，我下班回到家，还因为学校的事儿而感到生气和受挫。有一次，我让女儿米哈伊拉把洗碗机里的碗拿出来，她说她马上就去。于是我特别不耐烦地命令她说："我希望你现在就去。"

"但是，爸爸，我正在看最喜欢的节目。"

第 8 个礼物　和解

　　我大声地抱怨没有人肯帮忙，所有的事情都得我一个人做。我一把抓过遥控器，关了电视，然后强行把女儿赶到厨房去做家务。当我回到客厅时，感到不安。我竟然如此对待自己的女儿，这让我很愧疚。

　　那天晚上，我去给米哈伊拉盖被子。我低声对她说："我很抱歉今天晚上冲你大喊大叫，我不该那么对你。我因为今天学校发生的事很生气。我让你做家务，你没去。这也让我很挫败。但我不该拽着你去做家务，我很抱歉。"

　　"没关系，爸爸。我爱你。"米哈伊拉对我说。

　　"我也爱你，米哈伊拉。晚安。"

　　当我丝毫没有为她考虑，就朝她大喊大叫的时候，我损害了我们之间的关系。但我承认自己的错误并寻求原谅的时候，我就是在修复我们的关系。当她接受了我的道歉，我们的关系就修复好了。

　　我们都说过一些话或者做过一些事，伤害了孩子。回想一下，你曾经骂孩子"懒惰""自私""愚蠢"；再想一下，因为孩子的几何考试得了 D，你过分地批评了他。想想有多少次，你是那样刻薄、不公平地发脾气。你的那些话，还有你的行为，都在破坏你和孩子间的关系，给你们带来隔阂，造成孩子心中的怨恨，让你们丧失对彼此的信任。如果没有和解，那么怨恨和伤害就会加剧恶化。就像是一个小伤口受到了感染，开始发炎。如果你不去治疗，这个伤口就会带来严重的病症。

和解的障碍

　　和解不是件容易的事儿。有些父母觉得承认自己的错误特别困难，还有

另外一些人，觉得这几乎是不可能的。这主要有3个原因：

1. 许多父母，尤其是父亲，对于和解这件事，没有可以效仿的对象。

2. 害怕受到伤害。

3. 许多父母觉得跟孩子承认错误、寻求原谅会有损他们父母的威信。他们担心这么做会让孩子不再尊重他们，而且他们也会失去对孩子的掌控。

和解对父亲来说尤其困难。一些父亲在面对孩子时，需要自己始终是正确的。他们的要求是"要么听我的，要么滚蛋"。我们听到过无数的故事，青春期的男孩陷入了和父亲之间的权利斗争，没有人愿意让步，也没有人愿意承认自己的错误。因为父亲不具备承认错误的能力，所以他的儿子也没有这项能力。这些父亲没有从自己的父亲那里学到如何和解。他们担心如果承认了自己的错误，就会失去孩子对他们的尊重，他们的威信就会受损。

主动和解并不意味着软弱，这是希望和爱的信号。承认自己的错误是让孩子知道，你之所以有威信，不是因为你的完美。你的威信完全是因为你是他的父母，你有责任管教、指导、培养孩子。在完成这个使命的过程中，所有父母都会时不时地犯错。这是正常的，可以理解的。和解是教育孩子过程中必不可少的一部分。

孩子怎么看待和解

我们采访了一群高二学生，询问他们关于和解，他们希望父母怎么做。下面列举了他们的一些回答：

- 我犯错的时候，父母希望我怎么做，我就希望他们犯错时也像我那样做；
- 我希望父母可以承认错误，而不是推卸责任，朝我大喊大叫；
- 希望父母谦逊一些，他们也不是什么事情都了解；
- 承认错误时，不要说"但是"，比如"我错了，但是你本应该……"；
- 问一下"我该怎么补偿你？"；
- 我希望他们不仅可以意识到自己的错误，还可以跟我道歉，并且询问我如何才能弥补他们的错误；
- 直接点儿，别拐弯抹角；
- 不要为了自尊而拒绝道歉；
- 不要将自己的错误或道歉最小化。

青少年很聪明，他们知道父母什么时候把事情搞砸了。他们也知道父母什么时候犯了错。当我们拒绝承认错误时，孩子就会把我们当作伪君子。如果我们承认了错误，孩子就会因为我们的诚实而尊重我们。在《培养优秀的孩子》（*Raising Good Children*）一书中，托马斯·李考纳写了下面一段话：

> 当我们交代孩子的事情而自己却做不到时，孩子会严苛地评判我们；当我们达不到自己的道德标准时，应该坦率地跟孩子承认，如果这么做，还能保有他们对我们的尊敬。

你越勇敢地承认错误，你和孩子的关系就会变得更稳固。你会让孩子看到和解的修复力量，成为孩子效仿的榜样。

从错误中学习

错误是学习的好机会。拒绝承认或者掩盖错误,往往会损害亲子关系。如果你大方承认自己的错误,你就给了自己一个机会,从错误中学习进步。此外,你还给孩子做了很好的示范,以实际行动告诉他们对待错误的正确态度。一个青少年曾经这么写道:"如果父母大方承认错误并且道歉,不只是说说而已,还采取了行动,那么孩子就会知道,犯错不是什么严重的事,只要承认错误并从中吸取教训就好。"

一个15岁的孩子这么说:"我希望父母能够更坦率地承认错误,因为他们的做法会影响到我。"

曾经有一位母亲,为了给女儿示范"正确"的行为方式,而故意向女儿掩盖自己所有的缺点。后来女儿讽刺地对母亲说:"你做的事都是对的,你从来不会犯错,但谁也不可能像你那么完美。"

因为无法达到母亲不切实际的期望,这个女孩十分失落。即使是这个母亲自己,也无法做到她期望女儿做到的事。结果就是一段不顾现实、备受困扰、互相疏远、令人痛苦的亲子关系。

和解的示范

家里的每个人都会犯错。我们作为父母有责任向孩子示范如何达成和解。通过这种方式,我们教孩子如何以和平的方式处理争执,解决分歧。下面列出了有效的示范方法：

- 开启对话；
- 诚实地承认错误并道歉；
- 讲一讲你从错误中学到了什么，下次怎么改进；
- 坚持你的价值观主张。犯错并不会让你低人一等；
- 尊重自己和孩子；
- 避免角色颠倒；不要期望孩子照顾你，以满足你的需求；
- 道歉，不再对自己犯的错耿耿于怀；如果你因为一个错误而不断寻求孩子的原谅，那么你的道歉将变得毫无意义；
- 无条件地道歉；不要想着你道歉后，孩子也会反过来跟你道歉，或者立即就接受你的道歉。

和解的机会

父母想和孩子达成和解，可采取以下 5 种方式：

1. 写纸条。你可以给孩子写一个道歉的纸条。这种方式与口头道歉比起来，父母往往认为它更不具威胁性。

2. 在家庭做祈祷时道歉，这是一个达成和解的理想时机。

3. 晚上和孩子道晚安时道歉。这时孩子更容易接受你的道歉。

4. 在家庭会议中达成和解。把和解作为家庭会议的一个议题。询问家庭成员，是否有人需要和解。同样，父母应该作为主动寻求原谅的典范。

5. 先冷静，后和解。当你怒火中烧、情绪激动的时候，很难承认自己的错

误。给自己一点时间,冷静下来,反思自己的行为。扪心自问,回到过去,你的做法是不是可能不同。然后,和孩子达成和解。

一个和解的故事

那个夏天我们在北加利福尼亚海岸的澄碧湖度假。在假期的第 4 天,我们的女儿尖叫着:"布莱恩抢走了我的糖果。"在过去的几天里,布莱恩特别难相处。他不跟弟弟玩,不经过姐姐同意就玩她的游戏机,简直是个对什么事都不配合的青少年。那天,我来到他卧室门外,敲了敲门说:"布莱恩,我是妈妈。"

"你有什么事?"

"我可以进去吗?"

房间里没有传来任何回答。

这时,我再也忍不住了。我推开门,将积攒了一周的失望发泄在毫无准备的儿子身上:"布莱恩,你没经过米哈伊拉的同意,不能拿她的糖果。这个假期,你总是欺负别人。"

布莱恩抗议道:"为什么你要大惊小怪?我不过是拿了一块糖果。米哈伊拉就是个爱哭的小孩儿。"

他的顶嘴让我更加生气。"布莱恩,在承认你的错误之前,你都必须待在房间里。"

"真愚蠢,你居然把我当个小孩,我不会听你的。"

"你必须听我的,否则……"我没有把这句话说完。我意识到,我已经反应过度了,我的挫败感已经超过了这件事本身。于是我不开心地走开了。

过了几个小时,我邀请布拉恩跟我到潮汐池边走走,他勉强地答应了。

那时,我恢复了平静。我用跟刚才截然不同的语气跟他说话:"布莱恩,我很抱歉今天朝你大喊大叫。我只是很生气你居然那么对待米哈伊拉。没经过她的同意,就拿走她的糖果是不对的,哪怕只拿了一块。另外,你做过的事,自己却拒绝承担责任,这也让我生气。现在我意识到,我的咆哮是反应过度了。我之前的行为有失身份,没有尊重你,我很抱歉。"

"妈妈,你来我房间,对我大喊大叫的时候,我就失去了理智。我不知道拿走米哈伊拉的糖果让她那么难过。我觉得那只是一小块糖而已。"

"布莱恩,那是她的,不是你的。想想,如果别人没经过你同意,就拿走了你的东西,你会怎么做。"

"对不起,妈妈,我真的不知道这会引起麻烦。"

"告诉米哈伊拉,你错了,好吗?"

"我会的。"

我给孩子做了示弱、和解的榜样。孩子从我的做法中,将学会承认自己的错误,请求别人原谅,达成和解,修复关系。

教孩子和解

除了以身作则、给孩子做和解的榜样之外,我们还可以直接教孩子恰当

地道歉、请求原谅。下面这个案例就说明了这个问题。

茱莉安娜是个十分友善外向的人。她常常待人友善，体贴周到，尊重他人。但是像所有人一样，有时，她的行为也会伤害别人。有一天，她和一个朋友写了一张骂人的纸条，而骂的对象是邻居家的一个女孩。她叫丽塔，也是茱莉安娜的一个好朋友。当丽塔收到这张纸条时，十分伤心。

一开始，茱莉安娜否认她有参与写这张纸条。她还要求搬家。茱莉安娜的妈妈知道茱莉安娜一定犯了什么错。

后来，茱莉安娜承认这张纸条的确与她有关。

茱莉安娜的妈妈告诉她，她得为纸条上的内容向丽塔道歉。可是，茱莉安娜一想到要道歉就害怕。

她恳求说："妈妈，你跟丽塔说我错了。"

"不行，你得亲自向丽塔认错。"妈妈想让女儿为自己做过的事负起应有的责任，"我可以陪你一起去。"

这对母女讨论了现在的情况以及她们的计划。妈妈让女儿意识到，她纸条上写的那些话是多么的伤人，也让她知道，她需要用道歉来修复她和丽塔的友谊。在去丽塔家之前，她们还模拟了道歉的情景。

第二天，茱莉安娜向丽塔道歉了。丽塔跟茱莉安娜说，她很佩服茱莉安娜这么勇敢地当面和她道歉。当天，她们两个重归于好。

在这次经历中，茱莉安娜克服了自己的恐惧，认识到了个人的力量，有了责任感和自豪感。同样，她还学到了和解的修复力量。

在我们提供的10个礼物中，和解是最重要的礼物之一，因为它融合了所有其他礼物的特点。它需要尊重，对情绪的敏感（包括自己的和他人的），示弱，诚实，责任，自律和勇气，它对于建立互相信任、互相关爱的亲子关系十分重要。如果你给孩子做好榜样，主动寻求原谅、和解，那么孩子会更大方地承认自己的错误。那么关系的修复就会是双向的。有时你会伤害别人，而你愿意并能够同别人达成和解，与别人继续同行。

第 9 个礼物

让孩子自由发展

10 Best Gifts

for Your Teen

给青春期孩子的10个礼物

给孩子机会，让他证明自己是一个负责任的人。如果他做到了，就给他更多的自由。这么做，你就是在鼓励孩子做出富有责任感的行为。你使孩子学着相信自己，争取自己的权利，仰赖自己做决定的能力。

> 经历过孩子的青春期，父母才容易在孩子 20 岁的时候，对孩子放手。
>
> ——佚名

亚伦是个性格安静的 18 岁男孩，一直以来都受到父母的保护。父母不允许他交女朋友，他身边只有几个关系好的朋友。父母还不允许他考驾照。高中时，他很少去外面玩，大部分时间都在学习。他的父母很幸运，因为他愿意听从父母的意愿。

从高中毕业以后，亚伦去了一所名牌大学。大学的第一个学期，他简直要疯了，他从没有那么自由。之前总是父母替他做决定，他很少自己做决定。他开始有了麻烦。他翘课、每晚参加派对、熬夜到很晚、不做作业。期末的时候，他的成绩很差，很有可能被学校开除。

到底发生了什么？亚伦没有经验或者足够的自律，来应对突如其来的自由。他不知道该怎么做。

父母应该怎么做，才能避免这样的不幸呢？

答案就在我们的第 9 个礼物中——让孩子自由发展。让孩子自由发展就是对孩子放手。它意味着，随着孩子年龄的增长，你给予孩子更多的自由，鼓励他做自己。这是在帮助孩子成长，这样当他 18 岁进入高校或者职场时，

他就已经做好了准备。

放手教育的众多方面

从我们教孩子走路开始,就进入了放手教育的过程。表面上,如果要让他学会自己走路,就要放开他的小手。随着时间的流逝,渐渐地我们教他自己吃饭、穿衣,然后我们把他送去念小学。每经过一个阶段,他们都变得更加独立。在孩子年龄小的时候,我们在对孩子放手这方面一直做得很好。

与幼龄孩子相比,青少年更需要自由和独立,但在孩子的青春期,许多家长反而很难做到对孩子放手。为什么会这样?因为我们害怕孩子面对的潜在危险和陷阱。我们担心,如果让他们自由拿主意,后果可能对现在的他们不利,甚至会长期影响他们。

给予孩子更多自由,让他们承担更多责任

青少年想要自由。青春期的早期阶段,孩子常常会说"我不想父母总把我当成小孩子"。明智的父母会逐渐给青春期的孩子自由。就像上文中的案例一样,如果孩子没学会如何对待自由,那么一旦他拥有了自由,便会挥霍自由。

让孩子自由发展就要在他们逐渐长大的过程中给予他们更多的自由。当孩子长大一些、成熟一些,可以允许孩子晚一点回家,给他更多想来就来想走就走的自由,不要常限制他们看电影和电视节目。你可以规定孩子到多大

年龄才可以做某些事情，例如约会、听音乐会等。对孩子来说，你给他们设立了一个期望他们达成的目标。明确孩子在什么年龄可以参加群体聚会、学校舞会、音乐会、单独约会。很多父母都希望孩子到16岁才单独和另一个人出去约会，也有些父母允许孩子16岁之前就出去约会，而还有一些父母希望孩子到十七八岁再约会。

给孩子规定最晚回家的时间。有一种策略，当孩子刚上高中时，给他定一个比较早的回家时间，然后当他们长大一些，再放宽最晚回家的时间。当他到高三第2学期时，大多数规矩都应该是他自己定下的，包括最晚回家的时间。

让孩子自由发展的另一种方式就是，不插手孩子自己应该承担的责任，比如他们和朋友出门时应该如何打扮、怎么支配金钱、闲暇的时间应该做什么事、在房间里做什么事、怎么申请大学、怎么找工作。在孩子自己的领域内，让他们拥有做决定的权利。

开车

对父母而言，在给孩子自由的过程中，他们所面临的其中一个挑战就是让孩子开车。很多父母花很多时间陪孩子练习开车。虽然他们心里清楚孩子有能力开车，但在情感上，放手让孩子开车上路、相信孩子能够安全驾驶，对父母来说真的很困难。

理查德16岁生日的当天上午，在机动车驾驶管理处参加驾照考试。他以88分的成绩通过了考试，很开心地拿到了驾照。回家后，他问父母是否能够

开车去 60 英里外的旧金山。父母觉得他还不能独自开车到另一个城市去。理查德还是很想去，他问："为什么不行？"

"你自己一个人开车去那么远的地方，我们不放心。去旧金山，要经过许多高速公路，而且旧金山有很多疯狂的司机。"

"但是加州的机动车驾驶管理处认为我在高速公路上开车没有问题。如果我开车技术不行，他们也不会给我驾照了。"

最后父母决定坐在车的后座，跟儿子一起去旧金山。在旧金山，儿子想开车去哪儿，他们就会跟他去哪儿。理查德靠自己避开了遇到的那些疯狂司机。他的驾驶技术很棒。父母看到他的表现，也就放心让他自己一个人开车出门了。

自由和责任密不可分

如果孩子做事越来越有责任感，那么请给他更多的自由。例如，女儿总是按时回家，即使回家晚，也总会先打电话给父母，那么你就可以给她更多的自由，比如推迟她最晚回家的时间，以此作为对她的奖励。

给孩子机会，让他证明自己是一个负责任的人。如果他做到了，就给他更多的自由。这么做，你就是在鼓励孩子做出富有责任感的行为。你使孩子学着相信自己，争取自己的权利，仰赖自己做决定的能力。

到了高三，大多数事情孩子应该都可以自己做决定了。孩子和父母之间的对话会像这样：

妈妈，我现在出门了。凌晨一点我就会回家了。

凯西，如果那时你不能回家，给家里打个电话。

对孩子放手，很困难

到了孩子离开"家的港湾"的时候，请放手让他们走。这可能是青少年的父母遇到的一个最困难的挑战。很多高三学生告诉我们，当他们进入高三，父母反而对他们更加严格，比前些年都要严格。父母之所以这么做，是因为他们知道孩子即将离开家，而他们不由自主地就想看牢孩子。所以，他们不想即将高中毕业的孩子花很多时间跟朋友待在一起，限制孩子外出的时间，将孩子最晚回家的时候提前。另外有些父母完全相反，他们完全放开对孩子的所有限制。他们完全放弃了对孩子的管束，为孩子离开家的那一天做好准备。

让孩子接触社会

高三，对父母来说是练习对孩子放手，准备好让孩子走入社会的一年。我们建议，毕业生的父母始终记得下面几点：

- 花一整年做好准备去迎接孩子高中毕业这个事实。
- 和配偶或者亲密的朋友聊一聊，对孩子的这个人生阶段，你的各种复杂感情——伤心、失落感、希望、开心、期待。
- 告诉孩子，你对于他高中毕业这件事的复杂感受。

- 和孩子谈一谈他高中毕业后的计划、他未来的目标（大学、工作、服军役、职业培训、旅行）。
- 不断放宽对高三孩子的限制。当他的行为已经证明了他是个有责任感的人，那么就给他更多的自由。
- 如果孩子做了错事，滥用了他的自由或者没有做出负责任的行为，让他承担后果，这会教他对自己的行为负责。给孩子一个机会，让他从这份经历中学习。
- 问问孩子，他对毕业有什么感想。他有什么期待？会想念谁？人生的下一个阶段，最令他兴奋的是什么？高中生活中，他最怀念的是什么？
- 假如孩子不愿和你分享他的感受和经历，当毕业迫近时，你可以跟他聊聊你的一些想法和感受。
- 让孩子知道，你很骄傲，他高中毕业了。
- 举行一个简单的庆祝活动，庆祝他高中毕业，对他未来的规划表示支持。邀请家庭成员和朋友们来参加这场专门为他举办的庆祝活动，请每个人对孩子的未来送上祝福。这种祝福可以是口头上，也可以书面的。

离开家的避风港，并从中得到成长

有些青少年在高三的时候会有一些令人讨厌的举动。玛丽平时都是个乖孩子，可是到了高三，她突然像变了一个人。她讲话更加莽撞、目中无人，家务也不做，还总是跟弟弟妹妹吵架。她爸爸简直要被她气疯了，恨不得她马上就离开家。对有些父母来说，这个场景他们并不陌生。

后来玛丽考上了一所规模不大的文理学院，离开了家。在离开3个星期后，她给父亲打了一通电话。她的话让父亲十分感动。

"爸爸，我特别想你。我从来没像现在这样感激你为我做的一切。我们的家对我来说是一个与众不同的存在。我想你们每一个人。我爱你，爸爸。"

玛丽离开家独立生活，让她学到了重要一课。她意识到，当她在家时，父母为她付出了多少辛苦，而有多少次她都把父母的付出当作理所当然。她对父母和家庭产生了一种感激之情。

我们越是听从内心的声音，表达自己的伤心与失落，赞扬与喜悦，我们就越能够承认并处理好这些情绪。我们越是有意识地对待自己的担心、伤感和焦虑，就越能轻松地对孩子放手，让他迈向正在等待他的新生活。

第 10 个礼物

行为榜样

10 Best Gifts

for Your Teen

给青春期孩子的10个礼物

教育孩子就像是栽培花草。你和孩子的亲子关系就是一片土壤，撒下爱和关心的肥料，就能让这片土壤更加肥沃。有序的环境就像在给孩子修剪枝丫，而你积极正面的行为示范就像是太阳光。

做父母，真正困难的是，你想要孩子成为什么样的人，你就先要成为什么样的人。

——米娅·艾伦·巴尔博

几年前，我们带几个孩子去美国游乐园。7岁的儿子跟我一起到了买票窗口。我发现成人票比儿童票贵很多，而只有6岁及以下儿童才能购买儿童票。等排到我买票时，我说买2张成人票，3张儿童票。售票员问我："孩子几岁？"

我撒了个谎，说："6岁。"

在我们朝游乐园入口走的路上，儿子问我："爸爸，你为什么跟售票员说我只有6岁？"

我为自己不诚实的行为找了个借口。我说："我不想给你买成人票。买儿童票可以省15块。我们就可以在公园里买更多的糖果和零食。"

儿子天真地说："爸爸，撒谎是不对的。"孩子天真的话语，击败了我所有作为成年人自以为合理的借口。

这件事深刻地影响了我的生活和我的教育方式。父母做的每件事——每句话和每个行为——都是我们对孩子教育的一部分。

第 10 个礼物，也许是最有影响力的一个礼物，那就是成为孩子的行为榜样。作为父母，我们的目标是，当我们希望孩子长大后成为什么样的人，我们就要首先示范给孩子看。

英文中，"父母"一词，源于拉丁语"源头"。从生物角度来说，我们是孩子的源头。同样，孩子对这个世界大部分的了解，对世界大部分的看法，也都源于父母。如果我们希望孩子有礼貌，那么我们就要表现得有礼貌。如果我们希望孩子勇敢承认自己的错误，那么我们需要主动承认自己的错误，给他做一个榜样。如果我们希望孩子对自己的行为负责，那么我们的行为也需要负责任。而摆在我们面前的挑战是，我们很难完全成为我们希望孩子成为的那一种人。

榜样、榜样、榜样

当被问到如何成为称职的家长时，艾伯特·史怀哲说："我给你 3 个词的建议。第 1 个，榜样；第 2 个，榜样；第 3 个，榜样。"通过榜样行为，我们对孩子进行持续性的教育。

就像我们整本书提到的，称职的家长不仅会说教，还会以身作则。他们跟孩子分享他们的价值观，说出对孩子的期望，教孩子是非对错。说教很重要，但只有说教并不够。当我们言行一致、说到做到的时候，我们给孩子传递的信息才是具有影响力的。

记得有一天开车上班，我突然想起来忘了拿公文包，于是折回家去拿。在我们住的那条街，车子转弯的时候，我的咖啡杯倒了，里面的咖啡洒了出来。当我伸手去扶咖啡杯时，我的视线离开了马路。当我再抬起头时，我的车已经撞到了一辆停在路边的车。这辆被我撞到的车离我家只隔了3户人家。

没有人看到这次事故。

我把车开回了家。当我进门时，派特看到我脸上的表情，觉得可能哪里不对。于是她问我："发生了什么事？"我把刚刚的事故告诉了她，我觉得很糟糕。

孩子们纷纷跑进客厅问我："爸爸，你怎么了？"

"我撞到了一辆停在路边的汽车。我得过去，告诉那个邻居，是我撞了他们的车。"我并不想为这次事故承担责任，我想我再也拿不到保险费的优惠了。但我知道我应该这么做。

孩子听到了我们所有的谈话。在这个过程中，我给孩子做了很好的示范。他们从我的行为中学习进步。我曾经反复跟孩子说过，一个品格良好的人要对自己犯的错误承担责任。而我的行为正好印证了我教他们的道理。这就是强有力的一课。

反面教材

反面教材也有教育的价值。通常我们之所以无法忍受孩子的某些行为，是因为我们也有那样的错误或者缺点。下次，当孩子行为惹恼你的时候问问自己："我是不是也是这么做的？我也有这样不好的一面吗？"这么思考下，或许你会对孩子和自己都宽容一点。

意识到自身的缺陷和不足，并且为此承担责任，就是在给孩子树立积极

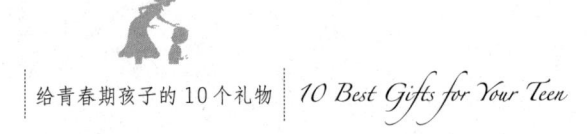

正面的榜样。我们能够让孩子看到我们积极正面的品质：诚实，主动承担责任，愿意进步，接纳自我。

在读这本书的过程中，你可能会发现，和青少年相处的一些方法是适得其反的。你可能发现，你能够成为一个更好的倾听者，或者，你曾经强迫孩子听从你的计划安排。别对自己那么严苛。我们之前就说过，这个世界上没有完美的父母，也没有完美的亲子关系。重要的是，你不断地学习、进步，不断地做出改变，使自己和孩子之间充满关爱、相互坦诚。

读完这本书以后，你可能觉得自己在青少年教育方面做得不错。你可能早已经在亲子教育中应用了本书中提到的许多原则。尽管还是会和孩子有一些争吵，但总的来说，你和孩子的关系会比较和谐。我们很高兴，这本书提醒了你，你的教育方法是有效的，同时强化你的教育方法。

偶尔的挫败

提醒自己，即使你采取了本书讲的所有方法，但有时你还是不能和孩子愉快相处。有时，你们会发生冲突，有时你没有耐心听孩子讲话，有时孩子觉得自己无所不知的态度会让你抓狂。他们会叛逆，他们会和你的决定对着干，他们会挑战规则。你问孩子一个问题，他们会含糊其词；你提醒孩子做家务，他答应你一会儿就去做，但每一次都会忘记；你想和孩子交流，但他没什么想跟你说的；你让孩子对兄弟姐妹好一些，他反而欺负他们；你言语客气地请他骑车送妹妹去参加足球训练，他却讲了一堆毫无说服力的借口，拒绝了你的请求。他们会变得不懂事，自私，且屡教不改。无论是在家中还是外出，他们都会让你心神不宁，但他们从不会考虑你为他们做了什么。

有些时候你会对自己的教育方式感到气馁，有些时候你会觉得自己并不是称职的家长。每到这个时候，你都可以鼓舞自己，你并不是个失败的家长。你是一个优秀的家长，只是正在经历每个家长都会遇到的青春期挑战。

孩子长大后会变成什么样的人

想知道孩子长大后会变成什么样的人？最好的线索就是，孩子在外面是什么样。你女儿在好朋友家里待了一晚上。第二天，这个好朋友的妈妈告诉你："昨天晚上跟克劳迪娅待在一起，我真高兴。她真的很棒。那么有教养，那么有礼貌。她还帮忙洗碗。"这话让你目瞪口呆。"我女儿吗？克劳迪娅？有礼貌？有教养？还帮忙洗碗？一定是搞错了。"你很疑惑，是不是他们把你女儿和另一个同名的克劳迪娅搞混了。

如果你也听到别人这样评价你的孩子，你可以松一口气了。你对孩子的教育没有错。在家里，克劳迪娅可能急躁、不乐意配合，但她在公共场合的表现说明她在学习你教她的道理，并且正在变成你期望中有礼貌、有担当的成年人。

青少年需要经历并完成他的"个体化"过程。他在家里这么做，是因为他信任你，他早知道他在你面前可以是个孩子，而你仍然会爱他。他在公共场合，比如学校、朋友家里、家庭聚会中，表现得有礼貌、关心他人、举止优雅，那么你有理由相信，你的孩子正朝着正确的成长轨道前进。从他在公共场合的表现，你就能知道他长大会变成什么样的人。

孩子需要的 3 样法宝

青春期是一个人漫长成长过程中的一个阶段。就像"糟糕的 2 岁时期"一样,青春期在一个时间点开始,又在一个时间点结束。但青春期比"糟糕的 2 岁时期"来得漫长,前后可能持续 10 年。

孩子需要 3 样法宝,帮助他们在成长的茫然混乱的状态中成功地找到正确的方向。

第一,他们需要有序的环境。孩子需要父母的约束和指引,这样他们才能有安全感,才知道自己应该怎么做。他们需要父母说到做到,这样他们才会相信父母说的话。

第二,孩子需要父母的爱和关心。孩子需要感受到父母对他们的重视。所以,作为父母,常常跟孩子表达你对他的爱非常重要。父母跟孩子表达爱意的方式很多,既可以直接跟孩子说"我爱你",也可以从行为中表现你对孩子的爱。有些父母误以为孩子知道自己对他的爱,所以从不亲口告诉他们。但是孩子需要你告诉他,你爱他。

- 有你这样的儿子,我很高兴;
- 我为你感到骄傲;
- 女儿你这么棒,是上天送给我们的礼物;
- 我爱你。

每天都记得告诉孩子,他在你心目中是多么重要。告诉他,你是多么爱他。这样,孩子会更容易接受你向他灌输的价值观和人生经验。就像史蒂

第 10 个礼物　行为榜样

芬·科维说的"我不在乎你懂多少，直到我明白你有多在乎我。"

要成功度过每个成长阶段，孩子需要的第 3 样法宝就是角色示范。他们需要父母为他们示范正确的行为。当你不断实践本书中提到的任何一条原则时，你就给了孩子最珍贵的礼物。这些礼物包含了：

- 坚强的性格；
- 尊重隐私和各种界限；
- 有效的倾听；
- 建立亲密关系的技巧；
- 信任；
- 责任感；
- 诚实；
- 勇于承认错误；
- 说到做到；
- 守信；
- 包容；
- 乐于肯定和鼓励；
- 忠于家庭。

当你的行为体现上述特征的时候，你会发现你的孩子也正在表现出同样的行为。

教育孩子是一个很有挑战性的任务。我们希望，本书中提到的内容能够加强你对亲子教育的已有认知。我们希望你跟孩子之间能够建立起和谐、充满活力的亲子关系。

学习建立亲密关系的新技巧、新方法不是件容易的事。你会有成功，也会有失败。你会了解到亲子教育的正确方法，也能看到亲子关系中那些令人不快的教育方法。如果你能在亲子关系中，做出哪怕一点点的改变，你就会发现，你的孩子同样发生了改变。

教育孩子就像是栽培花草。你和孩子的亲子关系就是一片土壤，撒上爱和关心的肥料，就能让这片土壤更加肥沃。有序的环境就像在给孩子修剪枝丫，而你积极正面的行为示范就像是太阳光。这一切会让你成为一个硕果累累的园丁。

致谢

　　完成这样一本书通常需要一群人的付出。我们要对很多人表达我们的感谢。首先，我们很感谢本书的编辑鲍勃·哈马和迈克·阿莫迪。他们努力、热情的支持和批判性思维为这本书注入了新的生命。感谢鲍勃，迈克和约翰·基尔万使这本书能被索林图书出版。

　　在一开始筹备这本书的时候，我们得到了许多人的帮助和支持。感谢丹尼斯·罗伊、马克·甘蒂和汤姆·卡尔达罗拉，一直为我们的手稿提供帮助，直至手稿完成。另外，我们还想感谢保罗·罗伊、乔恩·舒尔伯特、拉里·哈登、马特·洛夫、佩琪·理查兹和克瑞斯·施罗德。感谢他们为我们的第一份手稿提出反馈意见。尤其要感谢汤姆·麦格拉斯和史蒂夫·海登，在我们写书的过程中，给我们鼓励和信心。

　　没有我们和孩子——布莱恩、保罗、米哈伊拉——之间的相处，这本书不可能完成。谢谢我所有的孩子。谢谢你们出现在我们的生命中，谢谢你们允许我们在书中引用你们的故事，谢谢你们在我们写书时给予我们无穷无尽的耐心。

　　我们还要感谢过去 25 年间史蒂夫教过的那些学生。他们对这本书有着非常巨大的影响。我们很感激多次来参加我们研讨会的几千个学生，他们所

反馈的想法就是本书中孩子的声音。感谢以下学校的学生、教职员工和学生家长：圣何塞贝拉尔曼学院预科班、圣路易斯奥比斯波米慎学院预科班、奥克兰主教奥多德高中和萨克拉门托耶稣会高中。史蒂夫还想在此怀念S.J.里奥·罗克。里奥是史蒂夫在耶稣会期间的导师，他曾鼓励史蒂夫写下这本书。

派特在此感谢她敬爱的精神长者们的关爱和指导，他们是里奥娜·道奇、杰基·波特、凯西·杜吉德和玛丽·哈罗尔。感谢帕姆·吉列、莎伦·吉普森、萨姆·道达尔和奈西，成为派特精神长者的外援。还要感谢派特的客户们，愿意信任派特，并把自己痛苦的经历、改变的过程分享给派特。

感谢吉姆·道达尔为本书拍摄照片。

在此，还想感谢我们的父母和家人。一直以来，他们都跟我们分享自己的生活经历，并在我们教育孩子的过程中给予我们支持。

参考文献

Ames, Louise and Ilg, Frances and Barker, Sidney. *Your Ten- to Fourteen-Year- Old*. New York: Dell Publishing, 1988.

Barret, Rowland. Quoted in "Swallowed Alive," by Mary Sykes Wylie, *Family Therapy Networker* (Sept.-Oct., 1994, Vol. 18, no. 5).

Bayard, Robert and Bayard, Jean. *How to Deal With Your Acting Up Teenager*. New York: M. Evans and Co. Inc, 1981.

Barbeau, Clayton. *How to Raise Parents*. San Francisco: IKON Press, 1987.

Canter, Lee and Canter, Marlene. *Assertive Discipline for Parents*. New York: Harper and Row, 1988.

Center for Disease Control and Prevention. World AIDS Day, 1997. Resource Booklet, chapter 8, p. 7.

Coloroso, Barbara. *Kids Are Worth It!* New York: Avon Books, 1994.

Covey, Stephen. *The Seven Habits of Highly Effective People*. New York: Fireside, a division of Simon and Schuster, 1990.

Curran, Dolores. *Stress and The Healthy Family*. New York: Harper Paperbacks, a division of Harper Collins Publishers, 1985.

_____. *Traits of a Healthy Family*. Minneapolis:Winston Press, 1993.

Dreikurs, Rudolf and Soltz, Vicki. *Children: The Challenge*. New York: Hawthorn Books, 1964.

Faber, Adele and Maszlish, Elaine. *How to Talk So Kids Will Listen, and Listen So Kids Will Talk*. New York: Rawson, Wade Publishers, Inc., 1980.

Glenn, H. Stephen and Nelsen, Jane. *Raising Children for Success*. Fair Oaks, CA: Sunrise Press, 1987.

Ginoh, Haim. *Between Parent and Teenager*. New York :Avon, 1971.

Goleman, Daniel. *Emotional Intelligence*. New York: Bantam Books, 1995.

Gottman, J.M. and J.G. Parker, eds. *Conversations of Friends*. New York: Cambridge University Press, 1987.

Hanh, Thich Nhat. *Peace Is Every Step: The Path of Mindfulness in Everyday Life*. New York: Bantam Books, 1991.

Kabat-Zinn, Myla and Jon. *Everyday Blessings: The Inner Work of Mindful Parenting*. New York: Hyperion, 1997.

Lewis, Paul. *The Five Key Habits of Smart Dads*. Grand Rapids, MI: Zondervan Pbulishing House, 1994.

Lickona, Thomas. *Educating for Character*. New York: Bantam Books, 1991.

_____. Raising Good Children. New York: Bantam Books, 1983.

Leman, Kevin. *Smart Kids, Stupid Choices*. New York: Dell Publishing, 1992.

参考文献

Meeks, John E. *High Times/ Low Times: The Many Faces of Adolescent Depression*. Washington, D.C.: The PIA Press, 1988.

National Longitudinal Study of Adolescent Health. *The Journal of the American Medical Association*. The quote was taken from an article in the *San Jose Mercury News*, September 10, 1997.

Nelsen, Jane and Lott, Lynn. *Positive Discipline For Teenagers*. Rocklin, CA: Prima Publications, 1991.

Pipher, Ph.D., Mary. *Reviving Ophelia*. New York: Ballantine Books, 1994.

_____. *The Shelter of Each Other*. New York: Ballantine Books, 1996.

Riera, Ph.D., Michael. *Uncommon Sense for Parents with Teenagers*. Berkeley, CA: Celestial ARTS, 1995.

Rutenber, Ralph. *How To Bring Up 2000 Teenagers*. Chicago: Nelson- Hall, Inc., 1979.

Samtrock, John W. *Life-Span Development*. Dubuque, IA: W m. C. Brown Publishers, 1992.

Sholl, Douglas. Quoted in "Swallowed Alive," by Mary Sykes Wylie, *Family Therapy Networker* (Sept.- Oct., 1994, Vol. 18, no. 5)

Wolf, Anthony E. *Get Out of My Life, But First Could You Drive Me and Cheryl to The Mall?* New York: The Noonday Press, 1991.